DELF A2 対応

フランス語
単語トレーニング

Textes et exercices pour élargir
votre vocabulaire en français

モーリス・ジャケ
舟杉真一
服部悦子

白水社

本書の音声は、白水社のウェブサイトで聞くことができます。
https://www.hakusuisha.co.jp/news/delfa2/
ユーザー名：hakusuisha
パスワード：8949

本書は新つづり字で記述してあります。従来のつづり字との対照は下記の通りです。

従来のつづり字	新つづり字
aîné	ainé
apparaître	apparaitre
(s') asseoir	(s') assoir
auto-école	autoécole
brûlé(e)	brulé(e)
connaître	connaitre
coût, coûter	cout, couter
dîner	diner
disparaître	disparaitre
dûs (< devoir)	dus (< devoir)
entraînement	entrainement
(s') entraîner	(s') entrainer

従来のつづり字	新つづり字
évènement	événement
fraîche	fraiche
goût, goûter	gout, gouter
île	ile
jeûner	jeuner
maître	maitre
maîtresse	maitresse
naître	naitre
paraître	paraitre
s'il vous plaît	s'il vous plait
reconnaître	reconnaitre

装幀・本文デザイン　　畑中猛（ベーシック）
音声ナレーション　　Léna Giunta　Maurice Jacquet
写真　　Maurice Jacquet　E. Kersaudy-Lebeau　Pixabay.fr.
イラスト　　S. Descamps

・本書に掲載した企業のロゴマークは、公正利用の規定に則り教育目的のみに使用しています。
・音声をわかりやすく聞きとっていただくため、本書のテクストでは、男性・女性両方を意味する
　場合、男性形を使っています。

はじめに

　この本は、テクストを読み、習得した単語をもとに語彙力を強化することを目的としています。

　ヨーロッパ言語共通参照枠の A2 レベルでは「読むこと」は、「ごく簡単な短い文章なら理解できる。広告や内容紹介のパンフレット、メニュー、予定表のようなものの中から日常の具体的に予測がつく情報を取り出せる。簡単で短い個人的な手紙は理解できる」ことが目標とされていますが、実際の試験では 100~200 語のテクストを読み、語彙や内容を正しく理解しているか否かを問う問題が出題される傾向にあります。

　この本では、150 語前後で書かれたテクストを 40 篇用意しました。ヒアリング力も養うために音声も収録してあります。

　各課は 4 ページ構成です。テクストを読む前に Comprendre の Vrai ou faux ? に目を通し、テーマをつかんでおきましょう。次に本を閉じ、テクストの音声を聞きます。すべてを把握できなくて構いません。続いて本を開いてテクストを読み、わからない単語を Décrypter で確認します。類義語、対義語、派生語も記してありますので、ひとつの単語から語彙を広げましょう。そして再び Vrai ou faux ? に戻り、内容を正しく把握しているかどうかを確かめます。練習問題 S'entrainer は、DELF の試験と同様、フランス語で出題されています。習得した単語の確認だけでなく、同じ内容を異なる表現で言い換える力、また、フランス語の特徴とも言える多義性に習熟するための問題が用意されていますので、語彙力の増強につながります。後半のテクストは長めで、音声もナチュラルスピードで収録されていますので、B1 レベルへの橋渡しになることでしょう。

　語彙が増えると、「読む」「聞く」「話す」「書く」の幅が大きく広がります。DELF の A2 を受験する方だけでなく、フランス語での出題形式に慣れておきたい方、仏検の準 2 級、2 級を目指す方、とにかく語彙を広げたい方の学習に役立てていただければ幸いです。

2022 年 8 月　著者一同

この本の使い方

各課は 4 ページ構成です。A2 のレベルに沿ったテクストが 40 篇用意されています。

歴史、社会、文化、教育、環境など多彩なテーマ。

1 ページ目

❶テクストに取りかかる前に Vrai ou faux ? でおおよそのテーマをつかんでおく。

❸テクストを読む。わからない単語は右ページの Décrypter で確認。

❹テクストを読み終えたら、Vrai ou faux ? に戻り、内容を把握しているかを確認。

A2
13 **Le bal des**

Comprendre Vrai ou faux ? テクストの内容と合っているか考えましょう。 ◉25

1. Le 14 juillet, c'est le jour de la fête de Paris. ( )
2. Le 14 juillet, un défilé de mode a lieu sur les Champs-Élysées. ( )
3. Le soir du 14 juillet, il y a des feux d'artifice en France. ( )
4. Le 14 juillet, on peut visiter le bâtiment des pompiers. ( )
5. Le soir du 14

❷本を閉じて、テクストの音声を聞く。全文の意味がわからなくても OK。

◉26

Le 14 juillet est une date importante dans le calendrier français, puisque c'est le jour de la fête nationale. Cette journée est surtout connue pour son défilé militaire sur les Champs-Élysées. Il est survolé par la *Patrouille de France*. Huit avions dessinent dans le ciel de Paris le drapeau français avec des fumigènes bleus, blancs et rouges. À la tombée de la nuit, des feux d'artifice illuminent le ciel des grandes villes.

3 ページ目

テクストに関連する情報を平易な文章や写真、イラストで紹介。訳は巻末にあります。

Pour en savoir plus !

« Quand je serai grand, je serai pompier ! »
En France :
 – 78 % des pompiers sont des volontaires ;
 – 17 % sont des professionnels ;
 – 5 % sont des militaires ;
 – 19 % des pompiers sont des femmes ;
 – Parmi les métiers qui font rêver les enfants, devenir pompier est 6ᵉ.

une affiche de
bal des pompiers

le défilé des pompiers de France
(images télévision française)

テクストの日本語訳。

消防士のダンスパーティー

7 月 14 日はフランスの暦の上で重要な日である。国民の祝日だからだ。この日は特にシャンゼリゼ通りの軍隊のパレードで知られている。フラ

凡例

名 男性および女性名詞	男 男性名詞	女 女性名詞	固有 固有名詞
形 形容詞	副 副詞	接 接続詞	間 間投詞
代動 代名動詞	自動 自動詞	他動 他動詞	
⟺ 対義語	〔類〕類義語	〔文〕文章語	〔話〕話し言葉

2 ページ目

Décrypter ——— 覚えた単語は□に ✓ 印。

□ **bal** 男 ダンスパーティー
□ **pompier** 男 (= sapeur-pompier) 消防士
□ **fête** 女 祝日、パーティー、宴会
□ **défilé** 男 パレード *défilé de mode* ファッションショー
□ **feu d'artifice** 男 花火
□ **batiment** 男 建物、建築物、ビル
□ **discothèque** 女 ディスコ
□ **calendrier** 男 カレンダー
□ **puisque** 接 …だから ＊ puisque 以下の内容が相手にとってすでに知っている
  か、あるいは実際には知らなくても知っているものとみなす場合に用いられる。
  cf. **parce que** 接 句 …だから ＊ pourquoi ?「なぜ」の答えとして、相手の知
  らない情報を答える場合に用いられる。 **car** 接 というのも…だから ＊ car
  の前に述べたことの根拠・理由を述べる場合に用いられる。

類義語や関連表現をまとめて覚えれば語彙が広がる！

□ **militaire** 形 軍隊の、軍事的な cf. □ **armée** 女 軍、軍隊
□ **survoler** 他動 (飛行機が) …の上空を飛ぶ □ **survol** 男 上空飛行
□ **Patrouille de France** 女 フランス空軍のアクロバットチーム
□ **dessiner** 他動 線で描く、デッサンする

派生語を覚える習慣をつけて、語彙力を増強。

□ **drapeau** 男 旗 *drapeau tricolore* (フランスの) 三色旗
□ **fumigène** 男 発煙筒
□ **tombée** 女 暮れること *à la tombée de la nuit* たそがれどきに
□ **illuminer** 他動 …を明るく照らす
□ **attaché(e)** 形 **à** +人 …を大切に思う、愛着がある
□ **connaître du succès** 成功する

4 ページ目

S'entrainer

❺習得した語彙を確認するための練習問題のページ。解答と訳は巻末に掲載。

1 Reliez chaque mot à sa définition. 単語をその意味と結びつけましょう。

@ calendrier	ⓑ date	ⓒ journée
ⓓ juillet	ⓔ nuit	

1. Tableau des jours, semaines et mois d'une année. ( )
2. Période entre le lever du jour et le coucher du soleil. ( )
3. Indication précise du jour, du mois et de l'année d'un fait. ( )
4. Période entre le coucher et le lever du soleil. ( )
5. Septième mois de l'année. ( )

2 Complétez les phrases suivantes à l'aide de mots vus dans le texte. テクスト内から適切な語を選び、文を完成させましょう。

DELF の試験問題の形式に準じて、設問文はフランス語（日本語も併記）。フランス語による出題に慣れていく。

1. La _____ de la France était de 67 millions au 1er janvier 2020.
2. Le _____ du Japon, c'est un cercle rouge sur un fond blanc.
3. Offrir du muguet le 1er mai, c'est une jolie _____.
4. Le tango est une _____ née en Amérique du sud.
5. Les produits de ce supermarché sont livrés par _____.

3 Trouvez dans le texte, les synonymes des expressions et mots suivants. テクスト内から類義語を見つけましょう。

1. éclairent fortement : _____
2. de l'armée

Faire la bise ou pas ?

Comprendre Vrai ou faux ? テキストの内容と合っているか考えましょう。 01

1. En France, on doit faire la bise quand on rencontre quelqu'un. (　)
2. Il ne faut pas dire bonjour à une personne qu'on ne connait pas.

(　)
3. On fait la bise à quelqu'un qu'on connait bien. (　)
4. Le nombre de bises change selon la région où on vit. (　)
5. Faire la bise est une nouvelle tradition, en France. (　)

02

En France, faut-il faire la bise lorsqu'on rencontre quelqu'un ? La réponse est non. Ce n'est pas obligatoire ! Pour saluer une personne qu'on ne connait pas, il suffit d'être poli(e) en lui disant bonjour. On peut aussi lui tendre la main. Dans la famille, avec des ami(e)s ou des collègues de travail qu'on aime bien, il est possible de se faire une bise… ou deux, ou trois. Ce nombre dépend de la région où on habite en France. Il n'y a pas de règle claire.

La pandémie de 2020 a changé les habitudes des Français. Aujourd'hui, on se touche par le coude ou par le pied. Mais la bise et la poignée de main ne vont pas disparaitre, parce qu'elles font partie des traditions françaises depuis très longtemps.

□ **bise** 囡 (頬にする軽い) キス 〔類〕**bisou** 男 ＊ bizou とも書く。

□ **falloir** 動 〔非人称構文〕□ Il *faut* ... 〜しなければならない
　□ Il ne faut pas ... 〜してはいけない

□ **nombre** 男 数　*cf.* □ **numéro** 男 番号

□ **selon** 前 …によれば、…に従って

□ **région** 囡 地方、地域、分野
　□ **régional(e)** 形 地方の　□ **régionalisation** 囡 地方分権化

□ **vivre** 自動 暮らす、生活する、生きる　*cf.* **habiter** 自動 住む

□ **tradition** 囡 伝統、慣習　□ **traditionnel(le)** 形 伝統の

□ **lorsque** 接 …するとき、そのとき

□ **réponse** 囡 返事、答え　□ **répondre** 他動 答える、返事をする

□ **obligatoire** 形 義務の、強制的な　□ **obliger** 他動 ... à ... 〜に…を強いる

□ **saluer** 他動 …に挨拶する　□ **salutation** 囡 挨拶

□ **suffire** 自動 十分である〔非人称構文〕□ Il *suffit* de ... …だけで十分だ

□ **poli(e)** 形 礼儀正しい、丁寧な　□ **politesse** 囡 礼儀正しさ

□ **tendre** 他動 張る、伸ばす、差し出す

□ **collègue** 名 同僚

□ **possible** 形 可能な、ありうる ⟺ □ **impossible** 不可能な、あり得ない

□ **se faire** 代動 …し合う、実現される

□ **dépendre** 他動 …に依存する、…による

□ **règle** 囡 規則、ルール

□ **clair(e)** 形 明確な、明らかな、明るい ⟺ □ **sombre** 暗い

□ **pandémie** 囡 パンデミック、全域におよぶ伝染病

□ **habitude** 囡 習慣　□ **habituer** 他動 習慣づける
　□ **s'habituer à ...** 代動 …に慣れる　□ **habituel(le)** 形 いつもの、習慣的な

□ **coude** 男 ひじ

□ **pied** 男 足　*cf.* **jambe** 囡 脚

□ **poignée** 囡 ひと握り、取っ手　*poignée* de main 握手

□ **disparaitre** 自動 なくなる、姿を消す ⟺ □ **apparaitre** 現れる

□ **partie** 囡 部分　faire *partie* de ... …の一部になる、…に所属する

□ **depuis** 前 …以来、…から　＊ depuis は過去、現在を起点とする。未来について
　ては à partir de, dès などを用いる。

« On se fait la bise ? »

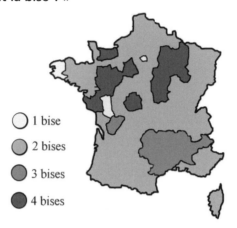

1 bise

2 bises

3 bises

4 bises

Cette carte semble très claire. Mais attention, quand les Français changent de région, pour un voyage ou un déménagement par exemple, ils peuvent être surpris par le nombre de bises à faire avec la personne qu'ils rencontrent. Cela donne parfois des situations amusantes !

キスする？　しない？

　フランスでは誰かに会ったとき、挨拶のキスをしなければならないのだろうか？　答えは non。義務ではない！　知らない人へ挨拶するには bonjour と言って、礼儀正しくあればいい。また、手を差し出してもいい。家族間や、親しい友達や同僚となら、1 回か 2 回、あるいは 3 回キスをしたりする。キスの回数はフランスのどの地方に住んでいるかによる。はっきりとしたきまりはない。

　2020 年のパンデミックがこのフランス人の習慣を変えた。今では肘や足で触れ合う。しかしキスや握手はなくならないだろう。なぜならそれらは昔からのフランスの習慣のひとつだからだ。

S'entrainer

1 Reliez chaque mot à sa définition. 単語をその意味と結びつけましょう。

> ⓐ bonjour   ⓑ collègue   ⓒ pandémie
> ⓓ pied   ⓔ région

1. Partie d'un pays.   (   )
2. Personne avec qui on travaille.   (   )
3. Maladies ou virus dans plusieurs parties du monde.   (   )
4. Salutation du matin.   (   )
5. Partie du corps utile pour marcher.   (   )

2 Reliez chaque mot du texte à son contraire. テキスト内にある語を対義語と結びつけましょう。

1. bien   ●   ● ⓐ libre
2. longtemps   ●   ● ⓑ (ne) pas du tout
3. obligatoire   ●   ● ⓒ (ne) personne
4. quelqu'un   ●   ● ⓓ peu
5. réponse   ●   ● ⓔ question

3 Complétez chaque phrase avec le mot qui convient parmi les 2 proposés. [   ] から適切な単語を選んで文を完成させましょう。

1. « Le 1er [mai / mais], en France, on ne travaille pas. »
2. « Tu viens avec nous, oui ou [nom / non] ? »
3. « Quand est-ce que tu [par / pars] au Japon ? »
4. « Vous allez [ou / où] ? »
5. « Julie aime faire la cuisine [an / en] chantant. »
6. « Il ne [faut / faux] pas fumer ici ! C'est interdit. »
7. « Ce film est vraiment trop [l'on / long] ! »
8. « Elle s'appelle [Claire / claire]. C'est mon amie. »

A2 02 Fin du ticket de métro ?

Comprendre Vrai ou faux ? テクストの内容と合っているか考えましょう。 03

1. Un carnet, c'est 10 tickets de métro. ( )
2. Les billets en carton n'existent plus depuis l'an 2000. ( )
3. On peut utiliser le *Pass Easy* plusieurs fois. ( )
4. Le *Pass Easy* coute 10 euros quand on l'achète la première fois.
   ( )
5. On ne peut utiliser le *Pass Easy* que dans le métro. ( )

04

À Paris, depuis septembre 2022, le célèbre petit carton blanc, appelé *Ticket+*, n'est plus vendu en carnet de 10 tickets. Les touristes peuvent acheter un *Pass Easy*. Il est pratique parce qu'on peut le recharger avec une appli sur son téléphone portable, sur les automates dans les stations de métro, dans les gares et dans certains commerces.

Ce pass vaut 2 euros au premier achat et est valable 10 ans. Ensuite, chaque voyage coute un peu moins cher qu'avant. Il peut être utilisé pour voyager en bus, en métro, en tramway et en RER dans la capitale. Autre avantage : finie la pollution de ces milliers de tickets en carton jetés n'importe où, dans les couloirs du métro ou dans les rues !

Décrypter

- [ ] **carnet** 男 回数券、ひと綴り、手帳
- [ ] **billet** 男（列車、飛行機の）切符、（劇場などの）入場券、紙幣
  cf. □ **ticket** 男（地下鉄、バスの）切符
- [ ] **carton** 男 厚紙、ボール紙
  carton rouge / jaune（サッカーの）レッド / イエローカード
- [ ] **exister** 自動 存在する、存続する
- [ ] **utiliser** 他動 使う
- [ ] **célèbre** 形 有名な　□ **célébrité** 女 名声
  ＊ (bien) connu(e) < célèbre = fameux < illustre［文］（改まった表現で、主に人について良い意味で）有名な
- [ ] **pratique** 形 実用的な、実地の ⟺ **théorique** 理論的な　女 実践、やり方
  □ **pratiquement** 副 実際には　□ **pratiquer** 他動 …を実際に行う
- [ ] **recharger** 他動 …にチャージする、再び充填する
  □ **recharge** 女 チャージ、スペア　□ **rechargeable** 形 チャージ可能な
- [ ] **appli** 女（application の略）アプリ、アプリケーションソフト
- [ ] **automate** 男 チャージ機、自動機械
- [ ] **station** 女 地下鉄の駅　*cf.* □ **gare** 女 鉄道の駅
- [ ] **commerce** 男 商店、商業、貿易
- [ ] **vaut > valoir** 自動 …の値段である、価値がある
- [ ] **valable** 形 価値がある、根拠がある　□ **valeur** 女 価値
- [ ] **achat** 男 買うこと、購入、買った品物　□ **acheter** 他動 …を買う
- [ ] **ensuite** 副 それに加えて、次に、それから
- [ ] **tramway** 男〔英語〕路面電車
- [ ] **capitale** 女 首都
- [ ] **avantage** 男 利点、長所、優位
- [ ] **pollution** 女 汚染、公害　□ **polluer** 他動 …を汚染する
- [ ] **millier** 男（de + 無冠詞名詞）（約）1000 の
- [ ] **jeter** 他動 …を捨てる、…を投げる
- [ ] **n'importe où** どこにでも
- [ ] **couloir** 男 廊下

« Un *Pass Easy*, s'il vous plait ! »

Vous pouvez charger un carnet de *tickets t+* sur votre *Pass Easy*. Un carnet = 10 tickets.

Vous pouvez aussi utiliser l'application *Bonjour RATP* sur votre téléphone portable.

Si vous restez longtemps à Paris, alors il est plus pratique d'utiliser le *Pass Navigo Liberté+*. Vos voyages sont payés sur votre compte en banque.

地下鉄の切符の終了？

　パリでは、2022 年 9 月以降、Ticket+ と呼ばれる有名な白い小さな厚紙は、10 枚綴りの回数券（カルネ）で売られることはもうない。観光客は Pass Easy を買うことができる。スマートフォンのアプリ上や、地下鉄の駅や列車の駅、商店などにある機械でチャージできるので便利である。

　このパスは初回購入時は 2 ユーロで、10 年間有効である。それに加え、運賃は以前より少し安くなった。パリのバス、地下鉄、トラム、RER でも利用できる。別なメリットもある。地下鉄の通路や街頭など、いたるところに何千枚もの切符が捨てられていた公害が終結するのだ！

S'entrainer

1 Reliez chaque mot à sa définition. 単語をその意味と結びつけましょう。

> ⓐ commerce   ⓑ euro   ⓒ gare
> ⓓ septembre   ⓔ station

1. Neuvième mois de l'année.   ( )
2. Monnaie de 19 pays dans l'Union européenne.   ( )
3. Endroit où l'on vend quelque chose.   ( )
4. Endroit où les voyageurs peuvent prendre le métro.   ( )
5. Endroit où les voyageurs peuvent prendre le train.   ( )

2 Complétez les phrases suivantes à l'aide des mots suivants. Chaque mot doit être utilisé deux fois. 選択肢の単語を使って文を完成させましょう。単語はそれぞれ2回ずつ使います。

> capitale(s)   carnet(s)   carton(s)
> certain(s)   cher(s)   station(s)

1. « Nous changerons de métro à la prochaine _____. »
2. « Je voudrais un _____ de timbres, s'il vous plait ! »
3. « Passer son permis de conduire coute _____. »
4. « Je suis _____ que tu vas réussir le DELF A2 ! »
5. « Prenons de l'essence à la prochaine _____-service. »
6. « Pierre est un ami très _____. »
7. « Dans ma classe, _____ élèves sont étrangers ! »
8. « RER s'écrit en lettres _____. »
9. « L'arbitre a donné un _____ rouge à ce joueur. »
10. « Canberra est la _____ de l'Australie. »
11. « Julie écrit dans un _____ des poèmes. »
12. « Jade met son chapeau dans une boite en _____. »

Comprendre Vrai ou faux ? テクストの内容と合っているか考えましょう。 (05)

1. Le passé simple est un temps de la conjugaison très employé. (　)
2. Le passé simple permet de parler d'actions du passé. (　)
3. Le passé simple a les mêmes valeurs que le passé composé. (　)
4. Le passé simple est un temps qu'on trouve souvent dans les contes. (　)
5. Les auteurs modernes n'utilisent plus le passé simple. (　)

(06)

    Le passé simple est un temps de la conjugaison, qui est peu enseigné en FLE (Français Langue Étrangère), parce qu'il n'est plus du tout employé à l'oral dans la vie quotidienne. Il permet de raconter des actions terminées, mais il est désormais remplacé par le passé composé, bien mieux connu des personnes apprenant le français. Ainsi, la phrase : « L'hiver fut rude, il neigea abondamment ! » est plus facile à dire et à écrire comme ceci : « L'hiver a été rude, il a neigé abondamment ! ». Le sens est exactement le même.

    Toutefois, le passé simple est utile si vous désirez découvrir des livres de littérature ancienne ou des contes pour enfants. Certains écrivains modernes l'utilisent encore, par snobisme parfois, ou pour défendre ce temps tombé dans l'oubli ! Et vous ? Vous l'apprîtes à l'université ?

□ **passé simple** 男 単純過去

□ **temps** 男 〔文法〕動詞の時制；時間、天候

□ **conjugaison** 女 動詞の活用

□ **passé composé** 男 複合過去

□ **conte** 男 短い物語、童話

□ **peu** 副 ほとんど…ない　**peu de + 無冠詞名詞**：ほとんど…のない
　　un peu de + 無冠詞名詞：少しの…　＊数えられる名詞には quelques を用いる

□ **enseigner** 他動 …を教える

□ **FLE** 外国語としてのフランス語

□ **employer** 他動 …を使う　□ **employé(e)** 名 従業員、会社員

□ **oral** 男 口語　□ **oral(e)** 形 口頭の

□ **la vie quotidienne** 女 日常生活

□ **permettre** 他動 **de + 不定詞** …することを可能にする

□ **raconter** 他動 …を物語る、…の話をする

□ **action** 女 行為、活動、作用、影響力、（政治・社会的）運動

□ **terminer** 他動 …を終える

□ **désormais** 副 これからは、今後は、今日では

□ **remplacer** 他動 **(A par B)**　A を B に取り替える

□ **connu(e)** 形 有名な、知られている　□ **connaitre** 他動 …を知っている

□ **apprenant > apprendre** 他動 …を学ぶ、習う

□ **ainsi** 副 たとえば、このように、したがって

□ **phrase** 女 文、話された言葉

□ **rude** 形 過酷な、耐えがたい、粗野な、手触りの硬い

□ **abondamment** 副 多量に、豊富に　□ **abondant(e)** 形 たくさんの

□ **sens** 男 意味、意義、センス、感覚、方向

□ **exactement** 副 正確に、厳密に　□ **exact(e)** 形 正確な、厳密な

□ **même** 不定代 〔定冠詞と共に〕同じもの［人］

□ **toutefois** 副 しかしながら、ただし

□ **snobisme** 男 上流気取り、スノビズム　□ **snob** 名 上流気取りの人

□ **oubli** 男 忘却、忘れること　□ **oublier** 他動 …を忘れる

□ **apprîtes > apprendre** の単純過去2人称複数形（= avez appris）

Passé simple

Les élèves français apprennent la 3ᵉ personne du singulier (il, elle, iel) et du pluriel (ils, elles, iels) du passé simple à partir du CM1, les autres personnes de la conjugaison plus tard au collège et au lycée, seulement avec les verbes les plus courants.

Quelques exemples :

avoir → Il eut	faire → Il fit	prendre → Il prit
pouvoir→ Il put	être → Il fut	falloir → Il fallut
mettre → Il mit	savoir → Il sut	

Les formes avec « nous » et « vous » sont difficiles à retenir, à l'écrit comme à l'oral.

Elle sont désormais inutilisées.

---

passé simple（単純過去）は simple（簡単）ではない！

単純過去は活用時制のひとつだが、外国語としてのフランス語ではほとんど教えられることはない。なぜなら日常生活の話し言葉では、もはや全く使われることがないからである。単純過去は終結した行為を述べることができるが、現在は複合過去がその代わりとなっていて、フランス語学習者にはそちらのほうがより知られている。たとえば、« L'hiver fut rude, il neigea abondamment ! »「冬は厳しく、たくさんの雪が降った」という文は、« L'hiver a été rude, il a neigé abondamment ! »のほうが、話すのも書くのもより簡単である。意味は全く同じである。

しかしながら、昔の文学作品や子供向けの童話を読みたいと思った場合には、単純過去は役に立つ。現代作家でも、ときにスノビズムだったり、忘却の彼方にあるこの時制を擁護するために、今も単純過去を用いている！　で、皆さんは？　大学で単純過去を學びましたか？

S'entrainer

1 Reliez chaque mot à son explication. 下記の語を同じ意味の語に結びつ
けましょう。

> ⓐ abondamment ⓑ ancien(ne) ⓒ moderne
> ⓓ rude ⓔ utile

1. beaucoup   (…..)
2. très froid   (…..)
3. du passé, d'autrefois   (…..)
4. pratique, commode   (…..)
5. contemporain, d'aujourd'hui   (…..)

2 Remplacez chaque verbe au passé simple par son passé
composé. 下線部の単純過去を複合過去に書き換えましょう。

1. « Hier, Gina se réveilla à sept heures et elle prit une douche. »
   « Hier, Gina s'＿＿＿＿＿ à sept heures et elle ＿＿＿＿＿ une
   douche. »

2. « Nous eûmes très faim, alors nous allâmes acheter un kebab. »
   « Nous ＿＿＿＿＿ très faim, alors nous ＿＿＿＿＿ acheter un
   kebab. »

3. « Mes amis me préparèrent une surprise. Je fus content. »
   « Mes amis m'＿＿＿＿＿ une surprise. J'＿＿＿ content. »

4. « Tu appris le russe à la fac ? – Moi, j'étudiai le chinois. »
   « Tu ＿＿＿＿＿ le russe à la fac ? – Moi, j'＿＿＿＿＿ le chinois. »

5. « Alicia acheta un maillot de bain et partit pour la plage. »
   « Alicia ＿＿＿＿＿ un maillot de bain et ＿＿＿＿＿ pour la plage. »

6. « Alex cassa un vase. Maman le punit. »
   « Alex ＿＿＿＿＿ un vase. Maman l'＿＿＿＿＿. »

7. « Quand la pluie s'arrêta, nous sortîmes. »
   « Quand la pluie ＿＿＿＿＿, nous ＿＿＿＿＿. »

A2 04 L'Île de Beauté

Comprendre Vrai ou faux ? テクストの内容と合っているか考えましょう。 ⟨07⟩

1. La nature, en Corse, est très belle. ( )
2. L'été, en Corse, est très chaud, mais pluvieux. ( )
3. Les chants polyphoniques sont accompagnés à la guitare. ( )
4. La langue corse est obligatoire à l'école. ( )
5. Napoléon est né avant la Révolution française de 1789. ( )

⟨08⟩

À 1 h 40 d'avion de Paris ou 12 h environ de bateau de Toulon ou Nice, se trouve *l'Île de Beauté*, surnom que donnent les Français à la Corse. C'est un petit paradis naturel : l'eau de la Méditerranée est d'un bleu magnifique, les plages sont recouvertes de sable fin. La plus haute montagne, *le Monte Cinto*, fait 2706 m. Le climat y est chaud et ensoleillé en été, plutôt doux et pluvieux en hiver.

L'identité culturelle corse est très forte : les chants polyphoniques, toujours « a cappella » racontent les joies et les tristesses de la population. L'artisanat y est très développé. Les spécialités culinaires sont variées. La langue corse est enseignée, de manière facultative, à l'école.

L'ile a un passé historique très riche : son personnage le plus célèbre est Napoléon Bonaparte, né à Ajaccio en 1769.

Décrypter

- **beauté** 囡 美しさ、美　l'Ile de *Beauté* (= la Corse コルシカ島)
- **Corse** 固有 囡 コルシカ島
- **pluvieux / pluvieuse** 厖 雨の多い
- **chant** 團 歌、声楽、歌声　*cf.* **chanson** 囡 歌謡　＊ chant はより荘重な歌曲。
- **polyphonique** 厖 ポリフォニーによる、多声の
- **accompagner** 他動 添える　*acommpagner ... à ...* …で…の伴奏をする
- **environ** 副 およそ、約
- **se trouver** 代動 …にある、いる
- **surnom** 團 あだ名、ニックネーム
- **paradis** 團 天国、楽園
- **magnifique** 厖 [manifik] 見事な、素晴らしい、豪華な
- **recouvert(e)** 厖 **de ...** …で覆われた
    - **recouvrir** 他動 再び覆う、覆い尽くす
- **sable** 團 砂
- **fin(e)** 厖 細かい、細い、繊細な
- **climat** 團 気候、風土　*cf.* **temps** 團 (特定の場所における一時的な) 天気
- **ensoleillé(e)** 厖 晴れた、日当たりのよい、光に満ちた
- **doux / douce** 厖 心地よい、穏やかな、甘い
- **identité** 囡 アイデンティティ、身元、一致
- **manière** 囡 やり方、方法
- **facultatif / facultative** 厖 任意の、選択制の
- **joie** 囡 喜び　□ **joyeux / joyeuse** 厖 うれしい、楽しい
- **tristesse** 囡 悲しみ、悲嘆　□ **triste** 厖 悲しい
- **population** 囡 人口、人々、住民
- **artisanat** 團 職人仕事、手工業
- **développé(e)** 厖 発達した　□ **développer** 他動 発達させる、育てる
- **culinaire** 厖 料理の　*cf.* **cuisine** 囡 料理、台所
- **varié(e)** 厖 変化にとんだ、多様な
- **passé** 團 過去、昔
- **personnage** 團 人物

La Corse

le drapeau corse　　Napoléon Bonaparte

Les spécialités corses

la charcuterie　　　le fromage　　　le vin　　　les gâteaux

美しき島

　パリから飛行機で1時間40分、あるいはトゥーロンかニースから船で約12時間のところに《美しき島》がある。これはフランス人が、コルシカ島につけた呼び名だ。そこは小さな自然の楽園である。地中海の海はすばらしく青く、海岸は細かな砂で覆われている。最も高い山であるチント山は標高2706メートル。気候は、夏は暑く太陽の光にあふれるが、冬は比較的暖かく雨が多い。コルシカの文化的アイデンティティはとても強い。多声の歌はいつもアカペラで人々の喜びと悲しみを語る。伝統工芸はとても盛んである。料理はバラエティに富む。コルシカ語は学校で選択科目として教えられている。

　コルシカは歴史豊かで、最も有名な人物ナポレオン・ボナパルトは1769年にアジャクシオで生まれた。

S'entrainer

1 Reliez chaque mot à sa définition. 単語をその意味と結びつけましょう。

| ⓐ bleu | ⓑ joie | ⓒ paradis |
| ⓓ plage | ⓔ spécialité | |

1. Étendue de sable ou de galets au bord de l'eau.　　(　)
2. Sentiment de bonheur.　　(　)
3. Lieu de bonheur.　　(　)
4. Produit typique d'une région.　　(　)
5. Couleur.　　(　)

2 Complétez chaque phrase avec un nom choisi parmi les mots suivants. 選択肢から適切な単語を選び、文を完成させましょう。

| chant | climat | ile | personnage | sable | tristesse |

1. Naruto Uzumaki est un ＿＿＿＿＿＿ de manga très célèbre.
2. À Okinawa il y a d'étonnantes plages de ＿＿＿＿＿＿ en étoile.
3. « Quand mon chat est mort, j'ai eu beaucoup de ＿＿＿＿＿＿. »
4. Taiwan est une ＿＿＿＿＿＿.
5. Le ＿＿＿＿＿＿ est en train de se réchauffer sur notre planète.
6. En été, on entend le ＿＿＿＿＿＿ des cigales, en Provence.

3 Reliez comme il convient. 適切なものを線で結びましょう。

1. une charcuterie　•　　•　ⓐ le camembert
2. un fromage　•　　•　ⓑ le chou à la crème
3. un gâteau　•　　•　ⓒ le croissant
4. une spécialité　•　　•　ⓓ le jambon
5. une viennoiserie　•　　•　ⓔ la quiche lorraine

Comprendre Vrai ou faux ? テクストの内容と合っているか考えましょう。 09

1. L'âge de la majorité, en France, est à 18 ans. ( )
2. Aldo n'a jamais bu d'alcool quand il était mineur. ( )
3. Aldo pense à se marier rapidement maintenant qu'il a 18 ans. ( )
4. Pour Aldo, le droit de vote est vraiment important. ( )
5. Aldo ne s'intéresse pas du tout à la politique. ( )

10

Hier, Aldo a eu 18 ans et est devenu majeur. Il peut désormais fumer ou boire de l'alcool, (en vrai, il a déjà essayé quand il était lycéen). Il va passer son permis de conduire, car c'est indispensable de nos jours. Il a le droit de se marier*, mais il pense qu'il n'est pas encore mûr pour ça.

Non, le plus important pour lui, c'est de pouvoir voter aux élections locales, régionales, nationales et bien sûr choisir le nouveau Président**, lorsque celui-ci arrivera à la fin de son quinquennat. Aldo est persuadé que c'est son rôle de jeune Français de s'engager dans la construction du futur de son pays, un futur qu'il veut libre, en paix et écologique ! Il aime la politique, dans le vrai sens de ce mot : « qui concerne le citoyen ». Il ne comprend pas bien ses amis qui s'en désintéressent.

* voir aussi texte page 96. ** voir aussi texte page 128.

☐ **majeur(e)** 名 成年者　形 成年に達した ⟺ **mineur(e)** より小さな

☐ **majorité** 女 成年、大多数 ⟺ ☐ **minorité** 女 未成年、少数派

☐ **devenu > devenir** 自動 …になる

☐ **fumer** 自動 喫煙する、煙を出す 他動 …を吸う
　　☐ **fumée** 女 煙　☐ **fumeur / fumeuse** 名 喫煙者

☐ **permis de conduire** 男 運転免許証
　　☐ **permission** 女 許可　☐ **permettre** 他動 …を許可する

☐ **indispensable** 形 必要不可欠な

☐ **de nos jours** 今日、現代では

☐ **droit** 男 権利

☐ **mûr(e)** 形 機の熟した、成熟した　☐ **mûrir** 自動 熟す

☐ **voter** 自動 投票する　☐ **vote** 男 票、投票

☐ **élection** 女 選挙　☐ **électeur / électrice** 名 有権者
　　☐ **électif / élective** 形 選挙による　☐ **électoral(e)** 形 選挙の

☐ **local(e)** 形 地方の⟺ ☐ **général** élections *locales* 地方選挙

☐ **régional(e)** 形 地方の、地域の　☐ **région** 女 地方、地域

☐ **national(e)** 形 国の、国家の　☐ **nation** 女 国、国民

☐ **quinquennat** 男 任期の 5 年間　☐ **quinquennal(e)** 形 5 年ごとの

☐ **persuader** 他動 …に納得させる

☐ **rôle** 男 役割、役目

☐ **s'engager** 代動 dans... …に参加する、身を投ずる

☐ **construction** 女 建設、建築物、構成　☐ **construire** 他動 …を建設する

☐ **futur** 男 未来　☐ **futur(e)** 形 未来の

☐ **libre** 男 自由な、あいている　☐ **liberté** 女 自由

☐ **paix** 女 平和　en *paix* 仲良く、心安らかに

☐ **écologique** 形 環境保護の、生態学の
　　☐ **écologie** 女 エコロジー、生態学　☐ **écologiste** 名 環境保護者、生態学者

☐ **concerner** 他動 …と関係がある　☐ **concerné(e)** 形 関係する、関係がある

☐ **citoyen(ne)** 名 市民、国民

☐ **se désintéresser** 代動 …に無関心になる

Le Parlement français

Il est composé de deux chambres :

– l'Assemblée nationale (577 députés).

Le bâtiment s'appelle « le Palais Bourbon » et se trouve près de la place de la Concorde, à Paris.

– le Sénat (348 sénateurs).

Le Palais du Luxembourg se trouve dans le jardin du Luxembourg, à Paris.

Depuis 1962, le pouvoir du Parlement est partagé avec le chef de l'État (le Président).

ついに成人！

きのうアルドは 18 歳、そして成人となった。これからは喫煙も飲酒も可能になる（実際には高校生の時にすでにやっていたが）。運転免許をとるつもりだ。というのも、今日では不可欠だからである。結婚もできるが、まだその時期ではないと思っている。

いや、彼にとって最も大事なことは、市町村や地方、国の選挙に投票でき、もちろん 5 年の任期の終わりには新しい大統領を選べることである。アルドは、国の未来、彼が望む自由で平和で環境に優しい未来づくりに携わることはフランスの若者の役割であると思っている！ 彼は、「一般市民に関わること」という本当の意味での政治が好きだ。政治に関心がない友人たちのことは理解できない。

S'entrainer

1 Reliez chaque mot à sa définition. 単語をその意味と結びつけましょう。

> ⓐ citoyen ⓑ élection ⓒ paix
> ⓓ permis de conduire ⓔ quinquennat

1. Membre d'un pays où il a des droits et des devoirs. (　)
2. Période de cinq ans. (　)
3. Document autorisant l'utilisation d'un véhicule à moteur. (　)
4. État d'accord, d'entente entre les gens et les peuples. (　)
5. Choix exprimé par un vote. (　)

2 Choisissez la phrase où le mot souligné a le même sens que dans le texte. 下線部の単語が、テクスト内と同じ意味で使われているものを選びましょう。

1. ⓐ « Ces raisins ne sont pas encore <u>mûrs</u>. »
   ⓑ « Mon fils est très <u>mûr</u> pour son âge. »
2. ⓐ « Au Japon, on est <u>majeur(e)</u> à 18 ans. »
   ⓑ « Internet a apporté des changements <u>majeurs</u>. »
3. ⓐ « Naomi voudrait <u>passer</u> le DELF A2 à l'automne. »
   ⓑ « Pour aller à Valence, il faut <u>passer</u> par Lyon. »
4 ⓐ « Le <u>rôle</u> du Président, c'est de diriger la France ! »
   ⓑ « Tu sais qui joue le <u>rôle</u> de la grand-mère dans ce film ? »
5. ⓐ « Ce que dit cet homme politique n'a aucun <u>sens</u>.»
   ⓑ « La rue devant chez moi est à <u>sens</u> unique. »

3 Reliez chaque lieu au mot qui convient. 適切な語に結びつけましょう。

1. local(e)　　　　　　●　　　● ⓐ la Bourgogne
2. national(e)　　　　●　　　● ⓑ L'Europe
3. international (e)　●　　　● ⓒ La France
4. régional(e)　　　　●　　　● ⓓ Strasbourg

Comprendre Vrai ou faux ? テクストの内容と合っているか考えましょう。🎧11

1. Le matin, Célia n'a pas le temps de s'occuper de Julien. ( )
2. C'est Fabien qui conduit Julien chez Mme COLLET, la nounou. ( )
3. Il y a une crèche dans le village, mais Julien ne peut pas y aller. ( )
4. Le mot « nounou » vient du mot « nourrice ». ( )
5. Le système des nounous aide bien les parents qui travaillent. ( )

🎧12

Dans la famille MASSON, Célia, la maman, se lève tôt, car elle doit être à son poste d'infirmière à 7 h, à l'hôpital du bourg voisin. Fabien, le papa, prend soin de Julien, 2 ans et l'emmène en voiture chez sa nounou, Mme COLLET, quand il part au bureau, vers 9 h. Il y a bien une école maternelle dans leur village, mais il faut avoir 3 ans pour toute inscription et il n'y a pas de crèche.

Mme COLLET est « assistante maternelle ». On disait autrefois « nourrice ». Elle a réussi une formation pour pouvoir accueillir chez elle 4 enfants au maximum, pendant la journée seulement. Elle les promène, les fait jouer, leur parle beaucoup, les nourrit et leur fait faire la sieste l'après-midi. C'est vraiment une bonne solution pour les couples dont les deux parents veulent ou doivent continuer à travailler après l'arrivée d'un bébé.

Décrypter

- **nounou** 女 nourrice（ベビーシッター）の幼児語
  - **nourrir** 他動 食べさせる、養う　□ **nourriture** 女 食物、栄養物、食品
- **s'occuper de...** 代動 世話をする、引き受ける
- **conduire** 他動 運転する、連れて行く　□ **conduite** 女 運転、行動
- **crèche** 女 託児所、保育所（3歳以下）
- **système** 男 システム、制度
- **aider** 他動 助ける、…の役に立つ　□ **aide** 女 援助、助け
- **poste** 男 職務、地位　*cf.* **poste** 女 郵便局
- **infirmier / infirmière** 名 看護師
- **bourg** 男 （市場の立つ）大きな村、小さな町、城塞
- **soin** 男 世話、手当、細心　prendre *soin* de ...　…の世話をする
- **emmener** 他動 …を連れて行く
- **bureau** 男 ［複数 **bureaux**］会社、事務室、事務机
- **village** 男 村、田舎 ⟺ □ **ville** 女 都市、都会
- **tout(e)** ［男性複数 **tous**］形 全部の、…全体
- **inscription** 女 登録、申し込み　□ **inscrire** 他動 …に記入する
- **assistant(e)** 名 アシスタント、参加者　□ **assister** 他動 …を助ける
- **maternel(le)** 形 母親の、母親のための　assistant(e) *maternel(le)* 保育士
- **autrefois** 副 昔、かつて、以前は
- **réussir** 他動 うまくやり遂げる　□ **réussite** 女 成功、合格
- **formation** 女 養成、訓練、形成　□ **former** 他動 …を形づくる
- **accueillir** 他動 …を迎える、受け入れる、もてなす　□ **accueil** 男 もてなし
- **au maximum** [maksimɔm] 最大限で、できる限り
  - ⟺□ **au minimum** 最小限で、少なくとも
- **seulement** 副 …だけ、単に
- **promener** 他動 散歩させる　□ **promenade** 女 散歩
- **faire + 動詞の原形**　…させる（使役）
- **sieste** 女 休息、昼寝
- **solution** 女 解決策、解答
- **couple** 男 カップル、夫婦
- **continuer à / de + 動詞の原形** 他動 続ける
- **arrivée** 女 到着、到来、到着場所　*cf.* **arriver** 自動 着く

Faire garder son enfant

En 2020, 740 000 bébés sont nés en France, soit un nombre légèrement inférieur au renouvellement de la population, mais un des plus élevés en Europe. Les solutions de garde d'enfant, pour les familles sont nombreuses :

– les crèches (bébés à partir de 6 mois) ;
– les jardins d'éveil (de 2 à 6 ans) ;
– l'école maternelle (à partir de 3 ans) ;
– l'assistant(e) maternel(le) (la nounou) ;
– la gardienne ou le gardien à domicile.

ベビーシッター

　マソン家のお母さんセリアは、朝早く起きる。隣町の病院での看護師の仕事に7時に就かなければならないからだ。お父さんのファビアンは2歳のジュリアンの世話をし、出勤する9時頃に車で彼をベビーシッターのコレさんのところへ連れて行く。彼らの村にももちろん幼稚園はあるのだが、申し込むためには3歳でなければならず、保育園はない。

　コレさんは保育士 (assistante maternelle) である。かつては nourrice といっていた。彼女は日中のみ、最大4名までの子供を自分の家で預かるための研修を修了している。子供たちを散歩に連れて行き、遊ばせ、たくさん話しかけ、食事を食べさせ、午後には昼寝をさせる。両親2人ともが赤ちゃんが生まれたあとも働き続けたい、もしくは働き続けなければならないカップルにとって本当によい解決方法である。

S'entrainer

1 Reliez chaque mot à sa définition. 単語をその意味と結びつけましょう。

| ⓐ bourg | ⓑ formation | ⓒ infirmière |
| ⓓ hôpital | ⓔ sieste | |

1. Établissement où l'on soigne les malades. ( )
2. Période d'apprentissage d'un travail. ( )
3. Période courte de sommeil, pendant la journée. ( )
4. Professionnelle de la santé. ( )
5. Grand village ou petite ville, avec souvent un marché. ( )

2 Trouvez dans le texte, le contraire de chacun des mots suivants.
テクスト内から対義語を見つけましょう。

1. s'arrêter : ....
2. se couche : ....
3. maintenant : ....
4. minimum : ....
5. ramène : ....
6. tard : ....

3 Choisissez la phrase où le mot souligné a le même sens que dans le texte. 下線部の単語が、テクスト内と同じ意味で使われているものを選びましょう。

1. ⓐ « Pose ce dossier sur mon bureau, je le regarderai plus tard ! »
   ⓑ « Pour les passeports, adressez-vous au bureau 32, 3ᵉ étage ! »
2. ⓐ « À Noël, nous allons faire une crèche sous le sapin. »
   ⓑ « La crèche de notre quartier ferme à 20 h. »
3. ⓐ « Fabien recherche un poste mieux payé dans son entreprise. »
   ⓑ « Si tu vas à la poste, achète un carnet de timbres ! »
4. ⓐ « La voiture de Fabien est une vieille Renault 5. »
   ⓑ « Nous sommes dans la voiture 8 du TGV. »
5. ⓐ « C'est Fabien qui nourrit le chat chaque jour. »
   ⓑ « La lecture nourrit l'imagination des enfants. »

Un nouveau pronom

Comprendre Vrai ou faux ? テクストの内容と合っているか考えましょう。🎧13

1. Les pronoms personnels « iel » et « iels » sont nouveaux. ( )
2. « Iel » remplace une personne de sexe masculin. ( )
3. Quand on utilise « iel », il faut utiliser l'écriture inclusive. ( )
4. « Iel » est pratique pour parler de la profession de quelqu'un. ( )
5. La société française change plus vite que la langue française. ( )

🎧14

　En 2021, un nouveau pronom personnel sujet est entré dans la langue française : « iel ». Il représente la troisième personne du singulier ou, si on l'écrit « iels », celle du pluriel, mais sans genre masculin ou féminin. Ainsi, on peut dire ou écrire par exemple : « Iel n'est pas là ? ».

　Mais il pose quelques problèmes lorsqu'on veut l'utiliser. À l'écrit, pour accorder un adjectif ou un verbe à un temps composé, il faut utiliser l'écriture inclusive : « Iel est japonais(e) : iel est né(e) à Tokyo. » Mais comment lire ou dire cette phrase ? Avec certains noms de profession, cela devient encore plus difficile : « Iel est vigneron(ne). » Que faire à l'oral ?

　L'arrivée de « iel(s) » montre que la société française évolue concernant les personnes LGBT+. La langue devra s'adapter et trouver des solutions.

- ☐ **pronom personnel** 男 人称代名詞
- ☐ **masculin(e)** 形 〔文法〕男性の⇔ ☐ **féminin(e)** 形 〔文法〕女性の
- ☐ **écriture** 女 書き方、表現法 *cf.* **écrire** 他動 …を書く
- ☐ **inclusif / inclusive** 形 包括的な
  ⇔ ☐ **exclusif / exclusive** 形 排他的な
- ☐ **représenter** 他動 …を表す、…である
  ☐ **représentation** 女 表現 ☐ **représentant(e)** 名 代表者
- ☐ **personne** 女 人、人格、容姿〔文法〕人称
- ☐ **singulier** 男 〔文法〕単数 ⇔ ☐ **pluriel** 男 〔文法〕複数
- ☐ **genre** 男 〔文法〕性、種類
- ☐ **problème** 男 悩み事、問題
- ☐ **écrit** 男 文書 ⇔ **oral** 男 口頭
- ☐ **accorder** 他動 …を一致させる、認める ☐ **accord** 男 一致、同意
- ☐ **adjectif** 男 形容詞
- ☐ **verbe** 男 動詞
- ☐ **composé(e)** 形 合成された、複合の *temps composé* 複合時制
- ☐ **né(e) > naitre** 自動 生まれる ☐ **naissance** 女 誕生
- ☐ **nom** 男 名詞、名前
- ☐ **profession** 女 職業
  ☐ **professionnel(le)** 形 職業の、プロの
- ☐ **vigneron(ne)** 名 ブドウ栽培者
- ☐ **montrer** 他動 …を教える、…を示す
- ☐ **société** 女 社会、会社 ☐ **social(e)** 形 社会の
- ☐ **évoluer** 自動 進歩する、変化する ☐ **évolution** 女 変化、進展
- ☐ **concernant** 前 …に関して
  ☐ **concerner** 他動 …と関わる
- ☐ **s'adapter** 代動 適合する ☐ **adaptation** 女 適応

Les règles de l'écriture inclusive

1. Les mots s'écrivent dans l'ordre alphabétique.
   Kento, Kaiho, Sayaka et Mina vont au cinéma.
   ✕ *Ils* vont au cinéma.
   ○ *Elles et ils* vont au cinéma.

2. Le point milieu ou des parenthèses marquent
   le genre et le nombre des mots.
   Marc, Léo, Vanessa et Céline travaillent dans un café.
   ✕ *Les quatre amis* sont *employés* dans un café.
   ○ *Les quatre ami(e)(s)* sont *employé(e)(s)* dans un café.

3. La majuscule est inutile pour les mots homme ou femme.
   ✕ Les droits de l'*Homme*
   ○ Les droits de l'*homme*

新しい人称

　2021 年、新たな主語人称代名詞がフランス語に加わった。iel である。三人称単数を表し、複数形は iels と書く。文法上の男女の区別はない。たとえば、« Iel n'est pas là ? »「彼 / 彼女、いないの？」のように言ったり書いたりできる。

　だがこの人称を使おうとすると、いくつかの問題もある。文章では、形容詞あるいは複合時制に性・数を一致させるため、包括的な書き方にしなければならない。たとえば、« Iel est japonais(e) : iel est né(e) à Tokyo. »「彼 / 彼女は日本人で、東京で生まれた」。しかしこの文はどのように読み、発話するのだろうか？　いくつかの職業名にいたってはさらに難しい。« Iel est vigneron(ne). »「彼/ 彼女はブドウ園を経営している」。どのように言ったらよいのだろう？

　iel(s) の登場は、LGBT+ の人たちに関してフランス社会が変わったことを示している。言語も適応し解決策を見出さなければならないだろう。

S'entrainer

1 Reliez chaque mot à sa définition. 単語をその意味と結びつけましょう。

ⓐ adjectif ⓑ nom ⓒ phrase ⓓ pronom ⓔ verbe

1. Mot désignant un objet, un animal, une personne, une idée…(   )
2. Ensemble de mots ordonnés, ayant du sens.   (   )
3. Mot qui accompagne le nom, pour le préciser.   (   )
4. Mot qui décrit une action ou un état. Il se conjugue.   (   )
5. Mot qui remplace un nom.   (   )

2 Complétez chaque phrase avec l'un des deux mots proposés.
[   ] から適切な単語を選んで文を完成させましょう。

1. [écrit / oral]
ⓐ « En français, à l'_____, on fait des liaisons. »
ⓑ « Léa n'est pas bonne à l'_____ : elle fait des fautes d'orthographe. »

2. [féminin / masculin]
ⓐ « Le mot avocat prend un « e » au _____. »
ⓑ « Mon neveu a un look très _____. Il est musclé et sportif. »

3. [pluriel / singulier]
ⓐ « L'adjectif *gros* a toujours un « s », même au _____. »
ⓑ « *Yeux* est le _____ du nom *œil*. »

4. [dire / écrire]
ⓐ « Quand j'ai rencontré Aline, je n'ai pas su quoi lui _____. »
ⓑ « Vous devez _____ 5 phrases au passé sur votre cahier. »

5. [un problème / une solution]
ⓐ « Le dernier métro est parti. Il faut trouver _____ pour rentrer. »
ⓑ « Je ne trouve pas mes clefs. C'est _____. »

Comprendre Vrai ou faux ? テキストの内容と合っているか考えましょう。 🔊15

1. Voir un arc-en-ciel en marchant est un signe positif. ( )
2. Marcher du pied gauche sur une crotte de chien ne porte pas chance. ( )
3. Le costumier a une bonne connaissance du monde du théâtre. ( )
4. La couleur verte est la couleur favorite des gens de théâtre. ( )
5. Croiser un chat est un signe de malchance. ( )

🔊16

« Ce matin, en partant au travail, j'ai vu un arc-en-ciel. Peu après, une coccinelle s'est envolée sur mon passage. J'étais ravi ! Dans la rue, j'ai marché du pied gauche sur une crotte de chien ! Ça porte chance ! Puis, j'ai trouvé un trèfle à quatre feuilles ! J'étais certain de passer une journée formidable avec tous ces signes positifs du destin.

Je suis acteur de théâtre. Quand le costumier est arrivé, il m'a proposé d'essayer une veste verte pour jouer mon rôle ! J'ai refusé ! Il aurait dû savoir que les comédiens associent cette couleur à tout ce qui ne dure pas : la chance, l'amour et… le succès. Et puis, nous étions un vendredi, jour où il ne faut pas porter d'habits neufs. Pendant le diner, après le spectacle, j'ai renversé du sel sur la table. Quel malheur ! Enfin, au retour, j'ai croisé un chat noir. Si je l'avais vu, j'aurais changé de trottoir ! Superstitieux, moi ? »

- □ **superstitieux / superstitieuse** 名 迷信家、縁起を担ぐ人
- □ **arc-en-ciel** 男 虹
- □ **positif / positive** 形 肯定的な、確実な、積極的な
  ⟺ □ **négatif / négative** 否定的な
- □ **crotte** 女 糞
- □ **porter** 他動 + 無冠詞名詞 …をもたらす
- □ **costumier / costumière** 名 衣装係 □ **costume** 男 衣装、スーツ
- □ **connaissance** 女 知識、認識 □ **connaitre** 他動 知っている
- □ **favori / favorite** 形 お気に入りの
- □ **croiser** 他動 すれ違う、交差する、横切る □ **croisement** 男 交差すること
- □ **malchance** 女 不運 ⟺ □ **chance** 女 幸運
- □ **coccinelle** 女 テントウムシ、カブトムシ
- □ **s'envoler** 代動 飛び立つ、飛び去る
- □ **passage** 男 通り道、通行、立ち寄ること、通過 □ **passer** 自動 通過する
- □ **ravi(e)** 形 大喜びの
- □ **rue** 女 通り
- □ **trèfle** 男 クローバー
- □ **feuille** 女 葉、書類
- □ **certain(e)** 形 確実な
- □ **formidable** 形 素晴らしい、ものすごい
- □ **destin** 男 運命 〔類〕**destinée** 女 天命、人生
- □ **veste** 女 上着、ジャケット *cf.* **gilet** 男 チョッキ、ベスト
- □ **associer** 他動 à ... …を～に結びつける、加える □ **association** 女 協会
- □ **durer** 自動 継続する、持続する □ **durée** 女 持続時間
- □ **succès** 男 成功、人気、好評 ⟺ □ **échec** 男 失敗
- □ **habit** 男 〔複数で〕衣服
- □ **spectacle** 男 ショー
- □ **renverser** 他動 ひっくり返す、倒す □ **renversement** 男 逆転
- □ **malheur** 男 不幸、災難 ⟺ □ **bonheur** 男 幸福
- □ **trottoir** 男 歩道

D'autres superstitions connues et moins connues

– qui apportent de la chance :

- toucher du bois en faisant un souhait ;
- accrocher un fer à cheval au-dessus de la porte d'entrée de sa maison ;
- voir une araignée dans sa maison le soir (= soir rime avec espoir) ;
- mettre son pyjama par la jambe droite (cela fait passer une bonne nuit).

– qui apportent de la malchance :

- ouvrir un parapluie dans une maison ;
- passer sous une échelle ;
- voir une araignée dans sa maison le matin (= matin rime avec chagrin) ;
- croiser deux couteaux sur une table.

迷信深い？

　「今朝、職場に行く途中で虹を見た。そのすぐあと、道でテントウムシが前を横切って飛んでいった。やった！ 通りでは犬の糞を左足で踏んだ！ 幸運をもたらすさ！ そして四つ葉のクローバーを見つけた！ これらすべての運勢の良い兆候があれば、絶対すばらしい１日になるさ。

　僕は舞台俳優だ。衣装係が到着し、役を演じるのに緑色のジャケットを着てみるように言われた！ 僕は拒否した！ 俳優にとってこの色は幸運、愛、成功などすべてが続かないことに結びつくことを彼は知っておくべきだった。そのうえ、金曜日だった。金曜日には新しい服を着てはいけない。公演後の夕食のとき、テーブルの上に塩をひっくり返した。なんて災難！ そして帰りには黒猫とすれ違った。僕は見なかったけれど、そうじゃなかったら道を変えていたさ！ 僕が迷信深いだって？」

S'entrainer

1 Reliez chaque mot à sa définition. 単語をその意味と結びつけましょう。

ⓐ coccinelle　　ⓑ destin　　ⓒ spectacle
ⓓ succès　　ⓔ trottoir

1. Résultat très positif auprès d'un public.　　　　　(　)
2. Endroit, au bord d'une rue, réservé aux piétons.　　(　)
3. Petit insecte avec des taches noires sur le corps.　(　)
4. Représentation théâtrale, concert, séance de cinéma…　(　)
5. Suite des évènement qui forment une vie.　　　　(　)

2 Dans le texte, trouvez l'antonyme ou le synonyme de chacun des mots suivants. テクストの中からそれぞれの対義語（⇔）、類義語（＝）を見つけましょう。

1. accepté　　　⇔　_____　過分
2. (le) bonheur　⇔　_____　男
3. droit　　　　⇔　_____　形
4. (la) malchance　⇔　_____　女
5. sensationnelle　＝　_____　形〔女性形〕
6. sûr　　　　　＝　_____　形〔男性形〕
7. très heureux　＝　_____　形〔男性形〕
8. usagés　　　⇔　_____　形〔男性形複数〕

3 Complétez chaque phrase avec le mot qui convient. 適切な語を選びましょう。

1. Léo a [du / dû] courir pour prendre son train.
2. La [celle / sel / selle] du cheval est en cuir.
3. Voilà un acteur qui [c'est / sait / s'est] jouer avec émotion !
4. Ce poème est écrit en [vair / ver / vers / verre / vert].
5. Chanter [faut / faux], c'est chanter mal !

Comprendre Vrai ou faux ? テクストの内容と合っているか考えましょう。(17)

1. Saint-Tropez est un endroit touristique. ( )
2. Tsunenaga venait voir le roi de France. ( )
3. Ses bateaux se sont arrêtés à Saint-Tropez à cause de la météo.

( )
4. Tsunenaga a beaucoup surpris les nobles qu'il a rencontrés. ( )
5. Le passage de Tsunenaga est fêté chaque été à Saint-Tropez. ( )

(18)

   Le village de Saint-Tropez est un lieu apprécié des touristes, sur la Côte d'Azur. Peu de gens savent que c'est dans son port qu'un Japonais a mis le pied sur le sol français pour la première fois. Il s'appelait Hasekura Rokuemon Tsunenaga. Il allait en Italie. Il devait y rencontrer le pape au nom du gouvernement japonais, quand ses trois bateaux ont fait escale à Saint-Tropez à cause du mauvais temps.

   Il y est resté huit jours et a été reçu par les nobles de la région. Ceux-ci ont été très surpris par cet homme si bien habillé, qui jetait ses beaux mouchoirs en soie, après les avoir utilisés une seule fois. Ils ont noté aussi qu'il mangeait avec deux « bâtons » tenus entre trois doigts. Il écrivait avec un pinceau des caractères inconnus de tous. Cet homme est aujourd'hui oublié, mais son passage a marqué l'histoire locale.

☐ **rencontre** 女 出会い、会見　☐ **rencontrer** 他動 …に偶然出会う

☐ **Saint-Tropez** 固有 サントロペ（南仏の保養地）

☐ **endroit** 男 場所　*cf.* ☐ **lieu** 男 （一般的な）場所

☐ **touristique** 形 観光の
　☐ **touriste** 名 観光客　☐ **tourisme** 男 観光、観光業

☐ **s'arrêter** 代動 （乗り物が）止まる、（人が）立ち止まる

☐ **météo** 女 気象条件、天気予報

☐ **surpris > surprendre** 他動 驚かせる　☐ **surprise** 女 驚き

☐ **noble** 名 貴族　〔類〕**aristocrate** 形 貴族の、高貴な、威厳のある、貴重な
　☐ **noblesse** 女 貴族階級 (= aristocratie)　☐ **noblement** 副 上品に、立派に

☐ **fêter** 他動 …を祝う　☐ **fête** 女 祝祭

☐ **apprécier** 他動 …を高く評価する
　☐ **appréciable** 形 評価できる。貴重な　☐ **appréciation** 女 評価

☐ **sol** 男 地面、土地　le *sol* français フランスの国土

☐ **pape** 男 ローマ教皇［法王］

☐ **au nom de ...** …の名において

☐ **gouvernement** 男 政府、政権
　☐ **gouvernemental(e)** 形 政府の　☐ **gouverner** 他動 …を統治する

☐ **escale** 女 寄港　faire *escale* à ... …に立ち寄る

☐ **habillé(e)** 形 服装をした　☐ **habiller** 他動 …に着せる

☐ **mouchoir** 男 ハンカチ　☐ **moucher** 他動 …の鼻をかむ

☐ **soie** 女 絹　mettre une écharpe de *soie* シルクのスカーフを身につける

☐ **noter** 他動 …を書き留める

☐ **bâton** 男 棒、棒状のもの
　☐ **bâtonner** 他動 …を棒で打つ

☐ **tenu > tenir** 他動 …を持っている、つかんでいる

☐ **doigt** 男 （手の）指　*cf.* orteil (=doigt de pied) 足の指

☐ **pinceau** 男 筆

☐ **caractère** 男 文字、活字、性格

☐ **inconnu(e)** 形 未知の ⟺ **connu(e)** 形 有名な　名 知らない人

Saint-Tropez

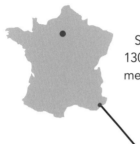

Saint-Tropez se trouve à 90 km de Nice et à 130 km de Marseille. La Côte d'Azur borde la mer Méditerranée. Elle va de Cassis à Menton.

<ruby>邂逅<rt>かいこう</rt></ruby>

　サントロペ村は、コート・ダジュールに面した、観光客に評価の高いところである。日本人がフランスの地に最初に足を踏み入れたのがこの港であることを知る人はほとんどいない。彼の名は支倉六右衛門常長。イタリアに向かっていた。そこで日本政府の代表としてローマ教皇に謁見することになっていたのだが、その途中、悪天候のため3艘の船がサントロペに寄港したのである。

　彼は1週間滞在し、地元の貴族たちのもてなしを受けた。貴族たちは、美しい絹のハンカチを一度使っただけで捨ててしまうこの素晴らしく身なりの良い男に非常に驚いた。また、彼が3本の指で支えられた2本の「棒」を使って食事をすることも記している。彼は誰も知らない文字を筆で書いた。この人物のことは今日忘れ去られてしまったが、彼が寄港したことは地元の歴史には残されている。

S'entrainer

1 Reliez chaque mot à sa définition. 単語をその意味と結びつけましょう。

ⓐ bateau	ⓑ mouchoir	ⓒ pape
ⓓ port	ⓔ touriste	

1. Morceau de tissu ou de papier servant à se moucher. ( )
2. Endroit où arrivent et d'où partent les bateaux. ( )
3. Chef de l'Église catholique romaine. ( )
4. Moyen de transport qu'on utilise sur l'eau. ( )
5. Personne qui voyage pour découvrir de nouveaux endroits. ( )

2 Complétez les phrases suivantes à l'aide de mots vus dans le texte. テクスト内から適切な語を選び、文を完成させましょう。

1. Mon père n'est allé à l'étranger qu'une _____ fois dans sa vie.
2. Notre avion va faire _____ à Séoul avant d'aller à Tokyo.
3. Cette cravate en _____ est jolie, mais un peu chère.
4. Hier soir, nous avons _____ nos voisins à la maison.
5. Dans ce _____, il n'y a ni gare ni poste !

3 Trouvez, dans le texte, le contraire de chacun des mots suivants. テクスト内からそれぞれの対義語を見つけましょう。

1. dernière ⟺ _____
2. détesté ⟺ _____
3. connus ⟺ _____
4. mal ⟺ _____
5. nationale ⟺ _____
6. beaucoup (de) ⟺ _____
7. revenait (de) ⟺ _____
8. grâce (au) ⟺ _____

Comprendre Vrai ou faux ? テクストの内容と合っているか考えましょう。 (19)

1. La petite ferme désirée par les MASSON est en Normandie. ( )
2. La famille MASSON aimait bien la vie en banlieue parisienne. ( )
3. Les MASSON habitaient une petite maison en banlieue. ( )
4. Les enfants MASSON trouvent leur nouvelle vie positive. ( )
5. Il y a un supermarché dans le village où habitent les MASSON. ( )

(20)

Quand Julia et Hervé MASSON ont vu dans un journal la photo d'une jolie fermette normande à vendre, ils ont immédiatement pensé avoir trouvé la maison de leurs rêves. Depuis quelque temps déjà, ils voulaient quitter la banlieue parisienne, lieu de vie peu agréable pour leurs enfants : pollution, parfois violence, vie en HLM. Comme Hervé venait de toucher un héritage, l'achat de la maison s'est fait très rapidement.

Leur vie a changé du tout au tout. Les enfants sont ravis de pouvoir aller à vélo à l'école du village. Julia fait du jardinage et élève quelques poules, pour avoir des œufs. Hervé, lui, télétravaille quatre jours par semaine chez lui, la fenêtre de son bureau donnant sur une mare où coassent quelques grenouilles. Seul problème : il ne faut rien oublier quand la famille va faire les courses, car le supermarché le plus proche est à 25 km en voiture !

Décrypter

- □ **néo-** 〔合成語要素〕新しい、近代の
- □ **rural(e)** [名] 〔男性複数 ruraux〕農村の住民
- □ **ferme** [女] 農場、農地
- □ **désiré(e) > désirer** [他動]（望む、欲する）の過去分詞の形容詞的用法
  - □ **désir** [男] 願望
- □ **banlieue** [女] 郊外
- □ **parisien(ne)** [形] パリの、パリ風の　　□ **Parisien(ne)** [名] パリ人、パリっ子
- □ **supermarché** [男] スーパーマーケット
- □ **fermette** [女] 小さい農家　*cf.* □ **ferme** [女] 農場、農家
- □ **normand(e)** [形] ノルマンディの　　□ **Normand(e)** [名] ノルマンディ地方の人
- □ **immédiatement** [副] ただちに、すぐに
- □ **rêve** [男] 夢　　□ **rêver** [他動] **de ...** …を夢見る、…の夢を見る
- □ **quitter** [他動] …から離れる、…を去る、…をやめる
- □ **lieu** [男] 〔複数 lieux〕場所
- □ **agréable** [形] 快適な
- □ **violence** [女] 暴力、激しさ
- □ **HLM** (= habitation à loyer modéré) [女] 適正家賃住宅
- □ **toucher** [他動] 触る、（金銭などを）受け取る
- □ **héritage** [男] 遺産、相続
- □ **rapidement** [副] 速く、迅速に
- □ **du tout au tout** すっかり、完全に (= complètement)
- □ **jardinage** [男] 園芸、ガーデニング
- □ **élever** [他動] 育てる、（動物を）飼育する
- □ **poule** [女] 雌鶏　*cf.* □ **poulet** [男] 若鶏
- □ **télétravailler** [自動] テレワークをする
- □ **mare** [女] 池、水たまり　*cf.* □ **étang** [男] 沼
- □ **coasser** [自動]（カエルが）鳴く
- □ **grenouille** [女] カエル
- □ **faire des courses** 買い物をする

Les lieux d'habitation des Français

une maison individuelle

une HLM

un lotissement

une cité

une ferme

un appartement

– *Une* HLM est une « habitation à loyer modéré ». Mais vous entendrez souvent « Moi, j'habite *un* HLM ». Les trois lettres sont alors considérées comme un sigle.
– Un lotissement est un ensemble de maisons neuves, dans un village.
– Une cité est un ensemble de plusieurs HLM.
– Attention à ne pas confondre le mot japonais « アパート » et le mot « appartement » en français.

新田舎暮らし

　ジュリアとエルベのマソン夫妻は新聞に売家で出ていたノルマンディ地方の素敵な農家の写真を見て、すぐに自分たちが夢見ていた家を見つけたと思った。しばらく前からすでに彼らは、子供たちにとって、公害や、ときには暴力行為すらあり、快適ではない HLM 団地生活のパリ郊外を離れたいと思っていた。エルベは遺産を相続したばかりだったので、家の購入はすぐに行なわれた。

　生活は一変した。子供たちは村の学校へ自転車で行けることに大喜びしている。ジュリアは庭いじりをし、卵を得るために数羽の雌鶏を育てている。エルベは家で週に4日テレワークで働く。仕事部屋の窓はカエルの鳴く池に面している。唯一の問題は家族で買い物に行ったとき、買い忘れをしてはいけないことだ。一番近いスーパーマーケットでも車で25キロのところにあるのだから。

S'entrainer

1 Reliez chaque mot à sa définition. 単語をその意味と結びつけましょう。

ⓐ banlieue	ⓑ grenouille	ⓒ héritage
ⓓ jardinage	ⓔ mare	

1. Nappe d'eau dormante.   (   )
2. Art de faire pousser des fruits ou des légumes dans un jardin.(   )
3. Biens (bâtiments, argent, etc.) transmis après la mort.   (   )
4. Petit animal sachant nager ou sauter.   (   )
5. Communes ou villages entourant une grande ville.   (   )

2 Utilisez chaque mot du panier des mots 2 fois. Attention, le sens est différent à chaque fois. 選択肢の単語をそれぞれ2回使って文を完成させましょう。それぞれ意味が違うので注意しましょう。

bureau	donne	école
élève	journal	touche

1. Ma petite nièce est _____ en classe de CP.
2. La _____ « ENTER » de mon ordinateur ne marche plus.
3. Adressez-vous au _____ 312 pour votre inscription.
4. Mon père lit toujours « L'équipe ». C'est son _____ préféré !
5. La fenêtre de notre salon _____ sur la tour Eiffel.
6. Le soir, toute la famille regarde le _____ de 20 h sur France 2.
7. Ce fermier _____ des cochons et des moutons.
8. M. Masson _____ 10 euros à son fils comme argent de poche.
9. L'_____ est obligatoire jusqu'à quel âge au Japon ?
10. Ce _____ en bois de sapin est très joli : je l'achète.
11. Dans cette _____, il n'y a pas de piscine.
12. M. Masson _____ un salaire de 2560 euros par mois.

A2
11 À quelle heure on soupe ?

Comprendre Vrai ou faux ? テクストの内容と合っているか考えましょう。🔊21

1. Quand on jeune, il faut manger lentement.　　　　　　　　(　)
2. Le déjeuner apporte de l'énergie pour tenir jusqu'au soir.　(　)
3. « Souper » ou « diner » désigne le repas du soir.　　　　(　)
4. Un souper doit toujours commencer par une soupe.　　　(　)
5. Souper après un spectacle est une tradition qui existe encore. (　)

🔊22

　　Le verbe « jeuner » signifie « manger très peu, voire pas du tout » pendant une période un peu longue. «<u>Dé</u>jeune » veut donc dire « cesser le jeûne ». Voilà pourquoi, après une longue nuit de sommeil, on prend le petit déjeuner pour recommencer à s'alimenter. Le repas de midi est plus important, afin d'avoir l'énergie nécessaire pour accomplir toutes nos activités jusqu'en fin d'après-midi.

　　Et le soir ? Eh bien, selon la région où on habite, en France, on dira qu'on « dine » ou bien qu'on « soupe ». On parle de « souper » parce que ce repas commençait par une soupe, mais ce n'est plus toujours vrai.

　　À l'origine, les nobles qui vivaient à la cour du Roi avaient pris l'habitude de se restaurer avant d'aller au spectacle, puis de prendre un repas léger avant d'aller dormir, repas qu'ils appelaient « souper ». Cette tradition existe encore chez les noctambules !

Décrypter

- [ ] **souper** 自動 夜食をとる 男 夜食
- [ ] **jeuner** 自動 断食する [ ] **jeûne** 男 断食
- [ ] **lentement** 副 ゆっくり [ ] **lent(e)** 形 おそい
- [ ] **apporter** 他動 もってくる、もたらす
- [ ] **énergie** 女 エネルギー [ ] **énergique** 形 力強い、強力な
- [ ] **désigner** 他動 示す、指し示す
- [ ] **repas** 男 食事
- [ ] **signifier** 他動 …を意味する [ ] **signification** 女 意味
  - [ ] **significatif / significative** 形 意味深い、重要な
- [ ] **voire** 副 さらに、それどころか
- [ ] **pas du tout** 全然 ... ない
- [ ] **période** 女 期間
- [ ] **vouloir dire** 意味する
- [ ] **cesser** 他動 …をやめる cesser de + 不定詞：〜するのをやめる
  - [ ] **sans cesse** 絶えず、ひっきりなしに
- [ ] **sommeil** 男 眠り、眠気 avoir *sommeil* 眠い
- [ ] **recommencer à ...** 他動 また…し始める
- [ ] **s'alimenter** 代動 食べ物をとる
  - [ ] **alimentation** 女 食料、食べ物をとること
- [ ] **midi** 男 正午 ⟺ [ ] **minuit** 男 夜中の 12 時
- [ ] **afin de ...** するために（= pour + 不定詞）
- [ ] **accomplir** 他動 …を実行する [ ] **accomplissement** 男 実行
- [ ] **activité** 女 活動 [ ] **activer** 他動 …を促進する [ ] **activement** 副 活発に
- [ ] **fin** 女 終わり [ ] **final(e)** 形 最後の
- [ ] **eh bien** ええっと、さて、ところで、それでは、やれやれ、いやはや
- [ ] **origine** 女 起源、始まり à l'*origine* 初めは、最初は
- [ ] **cour** 女 宮廷、中庭、裁判所
- [ ] **se restaurer** 代動 食事をする、食べて体力を回復する
- [ ] **noctambule** 名 夜遊びをする人

Les noms des repas ne s'utilisent pas de la même façon selon les pays francophones.

pays	le matin	à midi	le soir
Belgique			
Suisse	le déjeuner	le diner	le souper
Québec			
France	le petit déjeuner	le déjeuner le diner*	le diner le souper*

* dans quelques régions (Occitanie, Est de la France, Hauts de France), mais pas dans toutes les familles. Les jeunes préfèrent utiliser les termes habituels.

À chaque repas correspond un verbe : déjeuner, diner, souper, mais on dit « prendre le petit déjeuner ».

何時に夜食をとりますか？

jeuner（絶食する）という動詞は、少し長い期間「ほとんど食べない、それどころか全く何も食べない」ことを意味する。したがって déjeuner（朝食・昼食をとる）は、「絶食をやめる」という意味である。なぜなら長い夜の眠りのあとで、再び食べ物をとるために朝食を食べるからだ。午後の終わりまですべての活動を行なうのに必要なエネルギーを得るためにも、昼の食事はより重要である。

そして夜は？　そう、フランスの住んでいる地域によって dîne あるいは soupe と言うだろう。souper というのは、この食事は普通はスープから始めたからであるが、これはもはや必ずしも正しくはない。

もともと、王の宮廷で暮らす貴族は、芝居に行く前に食事をし、そのあとで寝る前に軽い食事（souper と呼ばれる食事）をとる習慣があった。この伝統は今でも夜型の人たちのあいだでは行われている！

S'entrainer

1 Reliez chaque mot à sa définition. 単語をその意味と結びつけましょう。

| ⓐ s'alimenter | ⓑ cesser | ⓒ noctambule |
| ⓓ repas | ⓔ spectacle | |

1. Nourriture prise à des heures régulières. ( )
2. Événement artistique en public. ( )
3. Personne qui aime sortir la nuit. ( )
4. Manger, se nourrir. ( )
5. Arrêter ce qu'on est en train de faire. ( )

2 Choisissez le mot qui convient, parmi les deux homophones proposés. 2つの同音異義語のうち、適切なものを選びましょう。

1. « Aujourd'hui, nous allons dîner en [au / haut] de la tour Eiffel ! »
2. « Après la cantine, les enfants jouent dans la [cour / cours] de l'école. »
3. « Je n'ai rien mangé à midi. J'ai vraiment [faim / fin] maintenant ! »
4. « J'adore [cet / cette / sept / Sète] soupe à l'oignon ! »
5. « Tu as vu les [pris / prix] sur ce menu ? C'est beaucoup trop cher pour moi ! »
6. « Mon [veut / vœu], c'est de manger un jour dans un restaurant étoilé. »
7. « Je peux rester un jour, [voir / voire] deux ou trois sans manger. »
8. « L'eau de notre [puis / puits] est toujours fraiche ! »
9. « Ce spectacle de danse nous a beaucoup [plu / plus]. »
10. « Le fermier [trait / très] ses vaches pour avoir du lait ! »
11. « Est-ce que tu [peu / peut / peux] couper les oignons ? »
12. « Nous dinons [tous / tout / toux] les jours à 19 h. »

Vous parlez franglais ?

Comprendre Vrai ou faux ? テクストの内容と合っているか考えましょう。(23)

1. Le franglais est une langue. ( )
2. Le franglais est parlé par tout le monde. ( )
3. On peut toujours traduire facilement les mots anglais en français.
( )
4. Les réseaux sociaux favorisent l'utilisation de l'anglais. ( )
5. Le nombre de mots anglais utilisés dans le français augmente. ( )

(24)

Le franglais n'est pas une nouvelle langue : c'est une manière de parler ou d'écrire qu'on rencontre souvent dans le monde des affaires, de la mode et de la culture. « Je fais du *marketing* pour une *start-up*. Mon *boss* est super *cool*. ».

Chaque mot anglais de cette phrase ne pourrait pas toujours être remplacé par sa traduction en français. L'idée de « start-up » ou de « marketing » est difficile à exprimer dans la langue de Molière en peu de mots. Mais pour les autres, il suffit d'avoir du vocabulaire et la volonté de parler français : « Mon patron est super chouette. »

Avec l'arrivée de l'informatique puis des réseaux sociaux, l'usage des termes anglais a encore augmenté, surtout à l'oral. Il y avait, en 2000, 5 % de mots venus de la langue de Shakespeare dans un dictionnaire français, 10 % désormais. Il va falloir réagir !

□ **franglais** 男 フラングレ、英語から借用しフランス語化した表現

□ **langue** 女 言語、舌

    langue de Molière フランス語（Molière は 17 世紀のフランスの作家）

    langue de Shakespeare 英語

□ **monde** 男 世界、人々、世の中、界　　tout le *monde* 皆、全ての人

□ **traduire** 他動 翻訳する、表現する　*traduire* 〜 en ... 〜を…に翻訳する

    □ **traduction** 女 翻訳

□ **facilement** 副 簡単に

□ **mot** 男 語、単語、言葉、表現、ひとこと

□ **réseau** 男 〔複数 **réseaux**〕網、ネットワーク

□ **social(e)** 形 〔男性複数 **sociaux**〕社会の　□ **société** 女 社会

□ **favoriser** 他動 …を優遇する、…に有利に働く、…を助長する

    □ **favorable** 形 好意的な　□ **faveur** 女 恩恵、好意、好評、人望

□ **utilisation** 女 使用、利用　□ **utiliser** 他動 使う

    □ **utile** 形 役に立つ、有益な　□ **utilisé(e)** 形 使用された（utiliser の過去分詞）

□ **augmenter** 他動 増加する、増す　□ **augmentation** 女 増加、向上

□ **affaire** 女 〔複数形で〕ビジネス、商売、所持品

    homme d'*affaires* 男 ビジネスマン　classe *affaires* 女 ビジネスクラス

□ **mode** 女 ファッション、流行　*cf.* 男 方法、（動詞の）法

□ **super** 形 〔不変〕〔話〕素晴らしい、すごくいい

□ **exprimer** 他動 表現する、伝える、表す　□ **expression** 女 表現

□ **vocabulaire** 男 語彙、ボキャブラリー、言葉遣い

□ **volonté** 女 意志、意欲　bonne *volonté* やる気、好意

    □ **volontaire** 形 自発的な

□ **chouette** 形 〔話〕すてきな、すごい、優しい　*cf.* 女 フクロウ

□ **informatique** 女 情報科学　□ **information** 女 情報

□ **usage** 男 使用、使用法、慣例　□ **user** 他動 用いる、使う、使い果たす

□ **terme** 男 言葉、用語（定義づけされている単語、特に専門用語、術語を指す）

□ **réagir** 自動 反応する、対応する、逆らう　*cf.* □ **agir** 自動 行動する

Petit dictionnaire de franglais

. faire un *break*   : faire une pause
. faire un *check-up*   : faire un bilan de santé
. acheter en *duty-free*   : acheter hors taxes
. faire du *business*   : faire des affaires
. avoir des *followers* sur Twitter   : avoir des abonnés
. envoyer un *mail*   : envoyer un courriel
. être *speed*   : être pressé(e)

あなたはフラングレで話しますか？

　フラングレは新しい言語ではない。話す、または書く方法のひとつで、特にビジネスやファッション、文化の世界でよく見かける。「私は start-up に marketing をやっています。私の boss はすごく cool なんだ」。

　この文におけるそれぞれの英単語は、必ずしもフランス語による翻訳に置き換えられるわけではないだろう。start-up や marketing という発想をモリエールの言語（フランス語）の短い言葉で表現するのは難しい。しかし、ほかの単語は語彙を増やしたり、フランス語で話すという意志をもてば十分だ。「私の patron はすごく chouette なのさ」。

　コンピューターとそれに続くソーシャルネットワークの到来で、英語を使うことがさらに増えた。特に話し言葉で。フランスの辞書にあるシェイクスピアの言語（英語）由来の単語は 2000 年には 5％だったのが、今や 10％である。なんとかしなければ。

S'entrainer

1 Choisissez la phrase où le mot souligné a le même sens que dans le texte. 下線部の単語が、テクスト内と同じ意味で使われているものを選びましょう。

1. ⓐ Ces vêtements ne sont plus à la <u>mode</u>.
   ⓑ Ce verbe est au <u>mode</u> subjonctif.
2. ⓐ Jérôme parle trois <u>langues</u> : il est trilingue.
   ⓑ « Ne tire pas la <u>langue</u> ! » dit maman à son fils.
3. ⓐ En ce moment, Pierre est triste : il a les <u>idées</u> noires.
   ⓑ Ce sont Larry Page et Sergey Brin qui ont eu l'<u>idée</u> de Google.
4. ⓐ « Écoute, il y a une <u>chouette</u> dans la forêt ! » dit Léa à Thomas.
   ⓑ « Ton nouveau smartphone, il est <u>chouette</u> ! » dit Léa à Thomas.
5. ⓐ Le <u>mot</u> « manga » est d'origine japonaise.
   ⓑ Julien a laissé un <u>mot</u> sur la table de la cuisine pour sa maman.
6. ⓐ Albert est suisse : sa langue natale est le <u>français</u>.
   ⓑ Hector Berlioz est un musicien <u>français</u> du XIXᵉ siècle.

2 Complétez les phrases suivantes à l'aide de mots vus dans le texte. テクスト内から適切な語を選び、文を完成させましょう。

1. « Tu restes toute la journée seul à la maison. Tu dois _____ ! »
2. « Je ne sais pas _____ en kanji. »
3. « Le prix de la baguette de pain a _____ de 10 centimes d'euro. »
4. « Yves et moi, nous nous sommes _____ devant la gare. »
5. « Votre professeur étant malade, c'est moi qui le _____. »
6. « Ce livre de _____ comporte 2500 mots. »
7. « Sais-tu _____ le mot 自由 en français ? »

Comprendre Vrai ou faux ? テクストの内容と合っているか考えましょう。 (25)

1. Le 14 juillet, c'est le jour de la fête de Paris. ( )
2. Le 14 juillet, un défilé de mode a lieu sur les Champs-Élysées. ( )
3. Le soir du 14 juillet, il y a des feux d'artifice en France. ( )
4. Le 14 juillet, on peut visiter le bâtiment des pompiers. ( )
5. Le soir du 14 juillet, les Français vont danser en discothèque. ( )

(26)

Le 14 juillet est une date importante dans le calendrier français, puisque c'est le jour de la fête nationale. Cette journée est surtout connue pour son défilé militaire sur les Champs-Élysées. Il est survolé par la *Patrouille de France*. Huit avions dessinent dans le ciel de Paris le drapeau français avec des fumigènes bleus, blancs et rouges. À la tombée de la nuit, des feux d'artifice illuminent le ciel des grandes villes.

Mais une autre tradition, à laquelle les Français sont très attachés, connaît du succès ce jour-là partout en France : le bal des pompiers. Les casernes sont ouvertes au public : les enfants viennent rêver devant les beaux camions rouges. Le soir, les jeunes et les adultes dansent sur une piste installée pour l'occasion. C'est un moment d'échanges et d'amitié avec ces professionnels du feu au service de la population.

Décrypter

- [ ] **bal** 男 ダンスパーティー
- [ ] **pompier** 男 (= sapeur-pompier) 消防士
- [ ] **fête** 女 祝日、パーティー、宴会
- [ ] **défilé** 男 パレード *défilé* de mode ファッションショー
- [ ] **feu d'artifice** 男 花火
- [ ] **batiment** 男 建物、建築物、ビル
- [ ] **discothèque** 女 ディスコ
- [ ] **calendrier** 男 カレンダー
- [ ] **puisque** 接 …だから ＊ puisque 以下の内容が相手にとってすでに知っているか、あるいは実際には知らなくても知っているものとみなす場合に用いられる。

  cf. **parce que** 接句 …だから ＊ pourquoi？「なぜ」の答えとして、相手の知らない情報を答える場合に用いられる。 **car** 接 というのも…だから ＊ car の前に述べたことの根拠・理由を述べる場合に用いられる。

- [ ] **militaire** 形 軍隊の、軍事的な *cf.* □ **armée** 女 軍、軍隊
- [ ] **survoler** 他動 （飛行機が）…の上空を飛ぶ □ **survol** 男 上空飛行
- [ ] **Patrouille de France** 女 フランス空軍のアクロバットチーム
- [ ] **dessiner** 他動 線で描く、デッサンする
- [ ] **drapeau** 男 旗 *drapeau* tricolore （フランスの）三色旗
- [ ] **fumigène** 男 発煙筒
- [ ] **tombée** 女 暮れること à la *tombée* de la nuit たそがれどきに
- [ ] **illuminer** 他動 …を明るく照らす
- [ ] **attaché(e)** 形 à ＋人 …を大切に思う、愛着がある
- [ ] **connaitre du succès** 成功する
- [ ] **caserne** 女 兵舎、施設
- [ ] **partout** 副 あちこち、いたるところ
- [ ] **camion** 男 トラック
- [ ] **adulte** 名 大人、成人 形 大人の、成人した
- [ ] **piste** 女 舞台、（多く円形の）演技場、ゲレンデ
- [ ] **installé(e)** 形 設備を整えられた
- [ ] **échange** 男 交換、〔複数で〕交流
- [ ] **amitié** 女 友情、友好、親善
- [ ] **au service de ...** …のために働いて、…の役に立って

« Quand je serai grand, je serai pompier ! »

En France :

- – 78 % des pompiers sont des volontaires ;
- – 17 % sont des professionnels ;
- – 5 % sont des militaires ;
- – 19 % des pompiers sont des femmes ;
- – Parmi les métiers qui font rêver les enfants, devenir pompier est 6e.

une affiche de
bal des pompiers

le défilé des pompiers de France
(images télévision française)

消防士のダンスパーティー

　7月14日はフランスの暦の上で重要な日である。国民の祝日だからだ。この日は特にシャンゼリゼ通りの軍隊のパレードで知られている。フランス空軍のアクロバットチームが上空を飛行する。8機の飛行機が青、白、赤の煙でフランスの国旗をパリの空に描く。夜になると、大都市の空を花火が彩る。

　しかしこの日は、フランス人がとても大切に思っている別の伝統が、フランスのいたるところで人気となっている。消防士のダンスパーティーだ。施設が公開され、子供たちは素敵な消防車の前で夢を見にやってくる。夜になると、若者も大人も、そのためにしつらえられた舞台にダンスをしにやってくる。住民のために働く消防士との交流親善の場なのである。

S'entrainer

1 Reliez chaque mot à sa définition. 単語をその意味と結びつけましょう。

> ⓐ calendrier　　　ⓑ date　　　ⓒ journée
> ⓓ juillet　　　ⓔ nuit

1. Tableau des jours, semaines et mois d'une année.　　　(　)
2. Période entre le lever du jour et le coucher du soleil.　　　(　)
3. Indication précise du jour, du mois et de l'année d'un fait.　(　)
4. Période entre le coucher et le lever du soleil.　　　(　)
5. Septième mois de l'année.　　　(　)

2 Complétez les phrases suivantes à l'aide de mots vus dans le texte. テクスト内から適切な語を選び、文を完成させましょう。

1. La _____ de la France était de 67 millions au 1er janvier 2020.
2. Le _____ du Japon, c'est un cercle rouge sur un fond blanc.
3. Offrir du muguet le 1er mai, c'est une jolie _____.
4. Le tango est une _____ née en Amérique du sud.
5. Les produits de ce supermarché sont livrés par _____.

3 Trouvez dans le texte, les synonymes des expressions et mots suivants. テクスト内から類義語を見つけましょう。

1. éclairent fortement　:　_____
2. de l'armée　　　　　:　_____
3. liés　　　　　　　　:　_____
4. célèbre　　　　　　 :　_____
5. n'importe où　　　　:　_____
6. montée　　　　　　 :　_____
7. du pays　　　　　　 :　_____
8. jolis　　　　　　　　:　_____

France, pays des Saints

Comprendre Vrai ou faux ? テクストの内容と合っているか考えましょう。 27

1. Le *Paris Saint-Germain* est une équipe de football parisienne. ( )
2. La *Saint-Brigitte*, c'est au mois de juin. ( )
3. La *Saint-Sylvestre* est le 31 décembre. ( )
4. En France, il faut choisir un prénom dans le calendrier. ( )
5. Tous les prénoms doivent être écrits en alphabet français. ( )

28

En France, vous voulez peut-être voir jouer l'équipe de foot du *Paris Saint-Germain*. Vous rêvez de visiter un jour le Mont-*Saint-Michel* ou de prendre un train à la gare *Saint-Lazare* pour aller à Versailles.

À chaque jour du calendrier français correspond le prénom d'un(e) saint(e) à célébrer. Ainsi, le 12 décembre, c'est la fête de tous les garçons prénommés *Corentin* et le 23 juillet celle des filles qui s'appellent *Brigitte*. La *Saint-Valentin*, fête des amoureux, est connue dans le monde entier, mais les Français aiment aussi la *Saint-Sylvestre*, le dernier jour de l'année.

Jusqu'en 1966, pour prénommer un nouveau-né, il fallait utiliser ce calendrier venu de la religion catholique, mais aujourd'hui, les parents peuvent choisir ou même inventer un prénom, à condition qu'il ne soit ni ridicule, ni grossier. Seule règle : il doit être lisible par l'alphabet français !

☐ **saint(e)** 名 聖人　形 聖なる、神聖な

☐ **équipe** 女 チーム、グループ

☐ **foot** 男（= football）サッカー

☐ **mois** 男 月、1か月　au *mois* de ... …月に

☐ **prénom** 男 名（ファーストネーム）

　☐ **nom** 男 名前、名字、姓（nom de famille）

☐ **peut-être** 副 たぶん、おそらく

☐ **un jour** いつか

☐ **chaque** 形 それぞれの　*chaque* jour 毎日

☐ **correspondre** 他動 …に対応する、一致する

☐ **célébrer** 他動 祝う、讃える

☐ **prénommé(e)** 形 …という名前の

　☐ **prénommer** 他動 …と名付ける

☐ **amoureux / amoureuse** 名 恋人、恋をしている人　形 恋している

☐ **entier / entière** 形 全体の、全部の　dans le monde *entier* 世界中で

☐ **dernier / dernière** 形 最後の、最終的な、最近の

☐ **nouveau-né(e)** 名 新生児、生まれたばかりの子供、乳児

☐ **religion** 女 宗教、信仰

☐ **catholique** 形 カトリックの、カトリック教徒の　名 カトリック教徒

☐ **même** 副 …さえも、…すら

☐ **inventer** 他動 作り出す、発明する　☐ **invention** 女 発明、発明品

☐ **condition** 女 条件、状況

　à *condition* que + **接続法** / à *condition* de + **不定詞** : …すれば

☐ **ridicule** 形 滑稽な、おかしな、嘲笑すべき

☐ **grossier / grossière** 形 下品な、卑俗な

☐ **lisible** 形 判読できる、読みやすい　☐ **lire** 他動 読む

« Aujourd'hui, c'est ma fête ! »

Bonjour, je m'appelle Patrick. Ma fête, c'est le 17 mars. Regardez sur un calendrier français ! Ce jour-là, mes amis m'invitent à boire un pot avec eux. C'est sympa !

Moi, mon prénom, c'est Isabelle. La Saint-Isabelle, c'est le 22 février. Ce jour-là, c'est donc ma fête. Mais mon anniversaire, c'est le 13 novembre.

聖人の国、フランス

　あなたはフランスで、サッカーチームのパリ・サンジェルマンのプレーを観戦してみたいと思っているのではないだろうか。いつかモン・サン・ミッシェルを訪れたり、ヴェルサイユに行くためにサン・ラザール駅から電車に乗りたいと夢見ているのではないだろうか。

　フランスの暦では、全ての日が讃えるべき聖人（聖女）の名前に対応している。つまり12月12日はコランタンという名前の男の子のお祝いの日、7月23日はブリジットという名前の女の子のお祝いの日といったように。聖バレンタインデーは恋人たちの日として世界中で有名だが、フランス人たちは大晦日の聖シルヴェスターの日も好きだ。

　1966年まで、新生児に名前をつけるためにはカトリック教の暦の中から選ばなければならなかったが、今日では、滑稽でなく下品でもなければ、親は名前を選んだり、創作したりすることもできる。唯一の決まりは、フランス語のアルファベットで読めるものでなければならないことである。

S'entrainer

1 Reliez chaque mot à sa définition. 単語をその意味と結びつけましょう。

> ⓐ année　　ⓑ amoureux　　ⓒ équipe
> ⓓ fête　　ⓔ nouveau-né

1. Groupe de joueurs ou joueuses dans un match.　　( )
2. Enfant, depuis le jour de sa naissance jusqu'à son 28ᵉ jour.　( )
3. Période de douze mois.　　( )
4. Qui aime quelqu'un d'autre.　　( )
5. Jour célébrant le saint dont une personne porte le prénom.　( )

2 Choisissez la phrase où le mot souligné a le même sens que dans le texte. 下線部の単語が、テクスト内と同じ意味で使われているものを選びましょう。

1. ⓐ « Benjamin joue au rugby depuis l'âge de onze ans. »
   ⓑ « Aline joue du violoncelle dans l'orchestre de la ville. »
2. ⓐ « Vous êtes en train de faire quoi ? »
   ⓑ « Vous savez de quel quai part le train pour Lille ? »
3. ⓐ « Aldo est garçon dans un café, tout près de la gare de Lyon. »
   ⓑ « Dans cette école, il n'y a que des garçons. »
4. ⓐ « Aujourd'hui, il y a du monde dans les rues. »
   ⓑ « Je rêve de faire le tour du monde en avion. »
5. ⓐ « Sophie habite encore avec ses parents. »
   ⓑ « Xavier et moi, nous sommes parents : c'est mon cousin. »
6. ⓐ « Il faut une règle pour faire une ligne bien droite. »
   ⓑ « Il ne faut pas manger en classe : c'est la règle ! »
7. ⓐ « Autrefois, ce bâtiment était l'école des filles. »
   ⓑ « Ma fille Léa fait de la danse classique. »

Un monde un peu plus francophone !

Comprendre Vrai ou faux ? テクストの内容と合っているか考えましょう。 🔈29

1. Les Français représentent 3 % de la population mondiale. ( )
2. L'espagnol est plus étudié que le français, dans le monde. ( )
3. Dans le futur, il y aura de plus en plus de Francophones. ( )
4. En 2060, plus de gens parleront français qu'anglais. ( )
5. Le français est la langue officielle de tous les pays africains. ( )

🔈30

　Les 284 millions de francophones représentent 3 % de la population mondiale. Le français est la cinquième langue la plus parlée dans le monde et la deuxième la plus étudiée, après l'espagnol. Mais ce chiffre pourrait monter à 8 % en 2060 : certains statisticiens prévoient 760 millions de personnes parlant le français, de différentes façons selon les régions. Il deviendrait la troisième langue dans le monde, après l'anglais et le mandarin. La raison principale est la croissance démographique du continent africain : 800 millions d'individus, en 2022, pour environ 4 milliards dans une cinquantaine d'années. Il faudra, pour cela, que le français continue d'être enseigné à l'école, qu'il soit utilisé couramment dans les administrations des 21 pays africains dont il est la langue officielle, et qu'il soit un vrai moyen de communication pour les jeunes. Vous voyez : étudier le français n'est pas inutile !

□ **francophone** 形 フランス語を話す、フランス語圏の
　　□ **francophonie** 女 フランス語圏

□ **africain(e)** 形 アフリカの　□ **Afrique** 固有 女 アフリカ

□ **million** 男 100 万、多数　□ **milliard** 男 10 億、無数、多数

□ **mondial(e)** 形 世界の、全世界の　□ **monde** 男 世界

□ **chiffre** 男 数字

□ **monter** 自動 （値段、数値が）上がる、高くなる；乗る

□ **statisticien(ne)** 名 統計学者　□ **statistique** 女 統計　形 統計の

□ **prévoir** 他動 …を予想する、…を予定する　□ **prévision** 女 予想、予測

□ **façon** 女 方法、仕方、態度

□ **mandarin** 男 標準中国語、最も広く使われる中国語

□ **raison** 女 理由、理性、比率

□ **principal(e)** 形 主要な、おもな　□ **principe** 男 原則

□ **croissance** 女 増大、発展

□ **démographique** 形 人口統計の
　　□ **démographie** 女 人口統計（学）　□ **démographe** 名 人口統計学者

□ **continent** 男 大陸　□ **continental(e)** 形 大陸の

□ **individu** 男 個人
　　□ **individuel(le)** 形 個人の　□ **individuellement** 副 個人的に、個々に

□ **couramment** 副 日常的に、すらすらと
　　□ **courant(e)** 形 普通の、日常の、流れる

□ **administration** 女 行政機関、官公庁、管理
　　□ **administratif / administrative** 形 行政の

□ **officiel(le)** 形 公式の、公用の　langue *officielle* 公用語

□ **moyen** 男 手段、方法　〔複数〕財力　*cf.* □ **methode** 女 （体系的な）方法

□ **communication** 女 コミュニケーション、伝達

□ **vous voyez** ほら、わかりますか、そうでしょう

□ **inutile** 形 むだな、役に立たない ⇔ □ **utile** 形 役に立つ、有益な

La Francophonie dans le monde

Europe
136,8 millions

Amérique
Caraïbes
23,1 millions

Afrique du nord
Moyen-Orient
33,7 millions

Asie
Océanie
2,1 millions

Afrique subsaharienne
Océan indien
88,7 millions

世界はもっとフランス語に！

　フランス語話者2億8400万人は世界人口の3％に相当する。フランス語は世界で5番目に話されており、スペイン語に次いで2番目に最も学ばれている言語である。しかし、この数字は2060年には8％上がるかもしれない。地域によってさまざまなやり方でフランス語を話す人々が7億6000万人になると予想している統計学者たちもいる。英語、中国語に次いで世界で3番目の言語になるかもしれない。この主な理由はアフリカ大陸の人口統計の増大にある。2022年時点で8億人の人口が、約50年後にはおよそ40億人になる。そのためには、学校でフランス語が教え続けられねばならないし、フランス語を公用語としている21のアフリカの国々の行政において日常的に使われる必要があり、若者たちにとって真のコミュニケーション手段でなければならない。おわかりであろう、フランス語を学ぶことは無駄ではない！

S'entrainer

1 Reliez chaque mot à sa définition. 単語をその意味と結びつけましょう。

> ⓐ continent　ⓑ démographie　ⓒ francophone
> ⓓ mandarin　ⓔ statisticien

1. Personne étudiant des sujets précis par des calculs.　(　)
2. Vaste étendue de terre considérée comme une partie du monde.
　(　)
3. Personne parlant le français totalement couramment.　(　)
4. Étude du nombre des naissances et des décès d'un pays.　(　)
5. Forme de la langue chinoise la plus répandue en Chine.　(　)

2 Reliez chaque personne à sa langue. それぞれの人を言語に結びつけましょう。

1. Un anglophone　　•　　　　　•　ⓐ allemand.
2. Un francophone　　•　　　　　•　ⓑ anglais.
3. Un germanophone　•　　　　　•　ⓒ espagnol.
4. Un hispanophone　•　　parle　•　ⓓ français.
5. Un lusophone　　　•　　　　　•　ⓔ portugais.
6. Un russophone　　•　　　　　•　ⓕ russe.

3 Cherchez dans le texte les informations suivantes. 該当する語をテクストの中から見つけましょう。

1. Un synonyme du nom *personne*　：_____ 男
2. Le contraire du nom *diminution*　：_____ 女
3. Un synonyme de « environ 50 »　：_____ 女
4. Un synonyme du nom *manières*　：_____ 女
5. le contraire de l'adjectif *mêmes*　：_____ 形

67

Des autocollants utiles à connaitre.

Comprendre Vrai ou faux ? テクストの内容と合っているか考えましょう。 31

1. Le pays d'origine des véhicules est indiqué par un nombre. ( )
2. Chaque pays est identifié par sa première lettre en français. ( )
3. Le « A » pour les nouveaux conducteurs doit être rouge. ( )
4. Les personnes de plus de 70 ans ne peuvent plus conduire. ( )
5. Il y a des conditions spéciales pour conduire avant 18 ans. ( )

32

En France, vous remarquerez, à l'arrière des véhicules, un sticker ovale contenant une ou plusieurs lettres : elles indiquent leur pays d'origine. Certaines sont faciles à retenir : B pour Belgique, I pour Italie, mais la Suisse devient CH (Confédération helvétique) et l'Allemagne D (Deutschland). D'autres représentent des pays lointains : LV (Lettonie) ou SK (Slovaquie) par exemple.

Les conducteurs, qui ont le permis de conduire depuis moins d'un an, doivent mettre un A rouge dans un rond blanc, à l'arrière de leur voiture. A signifie « apprenti(e) : qui apprend ». Mais, contrairement au Japon, rien pour les personnes âgées.

Enfin, un troisième sticker appelé « conduite accompagnée » permet, dès l'âge de 15 ans, de conduire avec la présence d'un adulte assis à côté. Il faut avoir réussi les épreuves du code de la route et suivi des leçons à l'autoécole. Le permis officiel est obtenu à 18 ans.

- □ **autocollant** 男 ステッカー、シール　形 接着式の
- □ **utile** 形 役立つ、有用な ⟺ □ **inutile** 形 むだな、役に立たない
- □ **véhicule** 男 車両、乗り物
- □ **indiqué(e)** 形 示された、指定された、指示された
  □ **indiquer** 他動 …を示す　□ **indication** 女 指示、表示
- □ **identifier** 他動 身元を割り出す、所属を突き止める
- □ **lettre** 女 文字、手紙
- □ **conducteur / conductrice** 名 ドライバー、運転手、指導者
- □ **plus de...** …以上 ⟺ □ **moins de** …以下
- □ **remarquer** 他動 注目する、気づく
- □ **arrière** 男 後部 ⟺ □ **avant** 男 前部
- □ **sticker** 男〔英語〕ステッカー
- □ **ovale** 形 楕円形の
- □ **contenir** 他動 含む、入れる
- □ **plusieurs** 形 いくつもの
- □ **certain(e)** 名 いくつか、幾人か
- □ **retenir** 他動 記憶にとどめる、引き留める
- □ **confédération** 女 連邦、連盟
- □ **helvétique** 形 スイスの　la Confédération *helvétique* スイス連邦
- □ **lointain(e)** 形 遠い、はるかな
- □ **Lettonie** 固有 女 ラトビア
- □ **Slovaquie** 固有 女 スロバキア
- □ **apprenti(e)** 女 実習生、見習い　□ **apprendre** 他動 学ぶ
- □ **contrairement** 副 …に反して　□ **contraire** 形 反対の、逆の
- □ **âgé(e)** 形 年をとった、高齢の
- □ **présence** 女 存在、いること
- □ **côté** 男 横、側面
- □ **épreuve** 女 テスト、試験
- □ **code** 男 法規、法典　*code* de la route 道路交通法
- □ **autoécole** 女 自動車教習所
- □ **obtenir** 他動 獲得する、手に入れる

Conduire en France

Pays : Finlande

Conduite accompagnée

apprenti(e) conducteur/conductrice

un panneau routier

Le code de la route contient toutes les règles et tous les panneaux qu'il faut connaitre pour pouvoir conduire. Pendant l'examen, il y a 40 questions et il faut obtenir au moins 35 bonnes réponses.

知っておくと便利なステッカー

フランスでは、車両の後ろに 1 文字または数文字書いてある楕円形のステッカーに皆さんは気づくだろう。ステッカーはどこの国の車両かを示している。ベルギーは B、イタリアは I と、簡単に覚えられるのもあるが、スイスはスイス連邦の CH そしてフランス語では Allemagne のドイツは Deutschland の D となる。ラトビアの LV、スロバキアの SK といった遠くの国を表すものもある。

免許を取得して 1 年以内のドライバーは白の楕円形の中に赤の「A」を自動車の後ろに貼らなければならない。A は apprenti(e) で「実習中の教習生」。しかし日本と違って高齢者には何もない。

そして最後に「同乗者付き運転」と呼ばれる 3 つ目のステッカー。これは大人が横に乗っていれば 15 歳から運転ができるというものだ。ただし、道路交通法の試験に合格していて、かつ自動車学校の授業を受けていなければならない。公式な免許が取得できるのは 18 歳*からだ。

＊2024 年より 17 歳に変更

S'entrainer

1 Reliez chaque mot à sa définition. 単語をその意味と結びつけましょう。

ⓐ autoécole	ⓑ conducteur	ⓒ épreuves
ⓓ ovale	ⓔ retenir	

1. Personne qui conduit un véhicule : un bus par exemple. (　)
2. Ensemble de questions, problèmes posés lors d'un examen. (　)
3. Endroit où l'on prépare l'examen du permis de conduire. (　)
4. Mémoriser, garder en mémoire. (　)
5. Forme ressemblant à celle d'un œuf. (　)

2 Choisissez l'explication qui convient pour chaque expression tirée du texte. テクストからの引用です。説明が適切なものを選びましょう。

1. *... elles indiquent leur pays d'origine.*
   ⓐ Les lettres indiquent la nationalité du conducteur.
   ⓑ Les lettres identifient le pays où est immatriculé le véhicule.

2. *dès l'âge de 15 ans*
   ⓐ à partir de son quinzième anniversaire
   ⓑ quand on va avoir 15 ans

3. *... rien pour les personnes âgées.*
   ⓐ Il n'y a pas de sticker spécial pour les personnes âgées.
   ⓑ Les personnes âgées ont un sticker spécial sur leur voiture.

4. *Il faut avoir réussi les épreuves du code de la route...*
   ⓐ après avoir passé les épreuves du code de la route
   ⓑ après avoir obtenu le nombre de points suffisant aux épreuves

5. *Le permis officiel est obtenu à 18 ans.*
   ⓐ Il faut avoir 18 ans pour obtenir le permis de conduire.
   ⓑ Il est possible d'obtenir le permis de conduire avant 18 ans.

Mademoiselle ou Madame ?

Comprendre Vrai ou faux ? テクストの内容と合っているか考えましょう。 ⟨33⟩

1. « Mademoiselle » est un mot récent dans le vocabulaire français.(　)
2. Le mot « damoiseau » est toujours utilisé de nos jours. 　　　(　)
3. « Mademoiselle » désignait toujours une femme non mariée. 　(　)
4. « Mademoiselle » n'existe plus sur les documents officiels. 　(　)
5. Aujourd'hui, le mot « mademoiselle » n'est plus du tout utilisé. (　)

⟨34⟩

Le mot « mademoiselle » est très ancien. Au Moyen Âge, il indique une fille ou une femme noble, célibataire et sans titre. Un homme jeune n'étant pas encore chevalier est appelé « damoiseau ». Au 18e siècle, « mademoiselle » est réservé aux femmes non mariées, quel que soit leur âge. Puis apparait le mot « madame », pour les femmes après leur mariage, après un divorce ou ayant perdu leur mari. Pour les hommes, il n'y a plus que « monsieur ».

En 2012, au nom de l'égalité des sexes et grâce au combat des féministes, « mademoiselle » est supprimé dans les documents officiels. Mais, dans la conversation quotidienne, ce mot reste utilisé, parce qu'il est difficile de changer les habitudes orales de toute la population. Vous l'entendrez encore très souvent.

Il reste à inventer en français, pour les personnes transgenres, une traduction du nouveau mot anglais « Mx » qu'on prononce [**mix**].

Décrypter

- [ ] **récent(e)** 形 最近の
- [ ] **document** 男 書類、文献
  - [ ] **documentaire** 形 資料に基づく
- [ ] **ancien(ne)** 形 古くからある、かつての、昔の
- [ ] **Moyen Âge** 男 中世
- [ ] **célibataire** 形 独身の ⟺ □ 形 **marié(e)** 結婚している
- [ ] **titre** 男 称号、肩書き
- [ ] **chevalier** 男 騎士
- [ ] **réservé(e)** 形 **à ...** …専用の、…に充てられた
  - [ ] **réserver** 他動 …を取っておく、…を予約する
  - [ ] **réserve** 女 貯え、備蓄、慎重 □ **réservation** 女 予約
- [ ] **quel que + être の接続法** …がどうであろうとも
- [ ] **apparaitre** 自動 現れる、生まれる
  - [ ] **apparence** 女 外観
- [ ] **divorce** 男 離婚 □ **divorcer** 自動 離婚する
- [ ] **égalité** 女 平等
  - [ ] **égal(e)** 形 等しい □ **également** 副 …もまた
  - [ ] **égaler** 他動 …に等しい、…と対等になる
- [ ] **grâce à ...** …のおかげで
- [ ] **combat** 男 闘い □ **combattre** 他動 …と戦う
  - 〔類〕□ **lutte** 女 戦闘
- [ ] **féministe** 名 女性解放論者
  - [ ] **féminisme** 男 女性解放論、女権拡張運動
- [ ] **supprimer** 他動 …を廃止する、削除する
  - [ ] **suppression** 女 削除
- [ ] **conversation** 女 会話 □ **converser** 自動 親しく話す
- [ ] **quotidien(ne)** 形 毎日の、日々の □ **quotidien** 男 日刊紙
- [ ] **Il reste à + 不定詞** …することが残っている、これから…しなければならない
- [ ] **transgenre** 形 トランスジェンダーの

Les civilités en français

Elles ont été formées en associant deux mots :

origine		mot actuel	pluriel	abbréviation
Ma demoiselle	→	Mademoiselle	Mesdemoiselles	(Mlle / Mlles) (Mlle, Mlles)
Ma dame	→	Madame	Mesdames	(Mme / Mmes) (Mme, Mmes)
Mon sieur *	→	Monsieur	Messieurs	(M. / MM.)
Mon seigneur	→	Monseigneur**	Messeigneurs	(M^{grs})

*   Le mot « sieur » [sjœr] existe toujours en français, mais est peu utilisé.

**   Ce mot est utilisé pour les évêques de l'Église catholique, pour le prince de Monaco et quelques personnes faisant partie de l'ancienne noblesse.

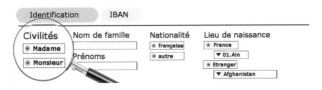

マドモワゼル、それともマダム？

　mademoiselle という語はとても古くからある。中世においては、未婚で独身で、称号のない貴族の娘や女性を意味していた。騎士に叙せられる前の若者は damoiseau と呼ばれていた。18世紀には mademoiselle は年齢に関係なく、未婚の女性に使われた。そして、結婚していたり、離婚あるいは夫を亡くした女性を指すために madame という語ができた。男性に対してはもはや monsieur しかない。

　2012年、男女平等の観点や、フェミニズム運動のおかげで、mademoiselle は公文書から削除された。しかし日常会話では、この語は相変わらず使われている。全国民の話す習慣を変えるのは難しいからである。みなさんもこの語をまだ頻繁に耳にすることであろう。

　これからはトランスジェンダーの人たちのために、「ミクス」と発音される英語の新語「Mx」の訳語をつくらねばならない。

1 Reliez chaque mot à sa définition. 単語をその意味と結びつけましょう。

> ⓐ chevalier   ⓑ document   ⓒ population
> ⓓ siècle   ⓔ traduction

1. Passage d'une langue à une autre. ( )
2. Pièce écrite apportant une information. ( )
3. Tous les habitants d'un pays, d'une région, d'une ville, etc. ( )
4. Période de 100 ans. ( )
5. Noble qui se battait à cheval, au Moyen Âge. ( )

2 Choisissez le sens du mot correspondant à celui du texte parmi les 2 proposés. テクスト内の意味に一致するものを選びましょう。

1. mot : ⓐ courte lettre, envoyée à une personne.
         ⓑ élément d'une langue.
2. fille : ⓐ enfant ou personne jeune dans la famille (opposé à fils).
        ⓑ enfant ou personne jeune de sexe féminin.
3. supprimé : ⓐ qui a été enlevé, ôté.
             ⓑ qui a été tué.
4. perdu : ⓐ que l'on ne trouve pas.
         ⓑ qui est décédé (mort).
5. nouveau : ⓐ que l'on vient de récolter.
            ⓑ qui existe depuis peu de temps.
6. français :
     ⓐ langue romane parlée en France, en Belgique, etc.
     ⓑ personne de sexe masculin ayant la nationalité française.
7. anglais :
     ⓐ habitant de l'Angleterre.
     ⓑ langue indo-européenne parlée en Angleterre, aux USA, etc.

Comprendre Vrai ou faux ? テクストの内容と合っているか考えましょう。 35

1. « *Bouillabaisse* » est le nom d'un poisson. (　)
2. La bouillabaisse était faite avec de très bons poissons. (　)
3. « *Bouillabaisse* » vient de deux verbes : bouillir et baisser. (　)
4. Aujourd'hui, la *bouillabaisse* est un plat gastronomique. (　)
5. Aujourd'hui, la *bouillabaisse* est un plat cher. (　)

36

　À l'origine, la *bouillabaisse* était une soupe composée des pièces de poisson que les pêcheurs n'avaient pas pu vendre sur le port pendant la journée. Celles-ci étaient cuites dans de l'eau de mer, accompagnées de pommes de terre. La recette était simple : elle lui a donné son nom : « Quand ça **bout**, tu **baisses** (le feu de la cuisson) ! » On l'accompagnait de pain dur, frotté avec de l'ail et d'une sauce appelée « rouille ».

　Aujourd'hui, la *bouillabaisse* fait partie de la gastronomie provençale. De grands chefs ont écrit les règles à respecter pour sa préparation. Elle doit être composée à partir d'au moins quatre poissons différents, tous pêchés en Méditerranée et ne doit jamais contenir de langouste. De nos jours, elle est souvent proposée en deux plats : la soupe d'un côté et des morceaux de poissons accompagnés de pommes de terre de l'autre. Elle n'est plus, hélas, bon marché.

Décrypter

□ **plat** 男 (皿に盛った) 料理、皿
     cf. □ **cuisine** 女 料理 ＊調理すること、調理されたもの

□ **marseillais(e)** 形 マルセイユの **Marseille** 固有 マルセイユ

□ **bouillabaisse** 女 ブイヤベース

□ **bouillir** 自動 沸騰する

□ **baisser** 他動 …を下げる、…を弱める   自動 下がる、低くなる
    ⟺ **augmenter** 他動 …を上げる、…を増大させる   自動 上がる、増える

□ **gastronomique** 形 美食法の、豪華な

□ **pièce** 女 一個、断片、部品

□ **pêcheur / pêcheuse** 名 漁師、釣り人

□ **port** 男 港

□ **cuites > cuire** 他動 煮る、火を通す

□ **pomme de terre** 女 ジャガイモ

□ **recette** 女 料理法、レシピ

□ **cuisson** 女 焼く [煮る] こと、加熱調理

□ **frotté(e)** 形 こすられた、塗った

□ **ail** 男 ニンニク

□ **rouille** 女 錆、ルイユ

□ **gastronomie** 女 美食、ご馳走

□ **provençale** 形 プロヴァンス地方の □ **Provence** 女 プロヴァンス地方

□ **respecter** 他動 尊敬する、(規則などを) 守る

□ **préparation** 女 準備、調理 □ **préparer** 他動 準備する

□ **à partit de ...** …から、…をもとにして

□ **moins** 副 より少なく au *moins* 少なくとも

□ **pêcher** 他動 (魚を) 釣る

□ **Méditerranée** 固有 女 地中海

□ **langouste** 女 イセエビ *cf.* □ **homard** 男 ロブスター

□ **proposer** 他動 提案する、提供する

□ **d'un côté** 一方は

□ **hélas** 間投 ああ (嘆き、苦悩、後悔等)

□ **bon marché** 形 安い

La recette de la "rouille"

La recette de la bouillabaisse varie selon les époques, les chefs qui la préparent et… le prix que l'on veut mettre dans ses ingrédients. Voici celle de la "rouille", une sauce qui accompagne souvent la bouillabaisse.

1   2   3   4

1. Dans un bol, mettez une pincée de sel, un peu de poivre et de safran et deux gousses d'ail écrasées.
2. Ajoutez un jaune d'œuf et une cuiller à soupe de moutarde.
3. Montez la mayonnaise avec de l'huile neutre.
4. Ajoutez du paprika et c'est terminé !

ひとつのマルセイユ料理

　もともと、ブイヤベースは漁師が昼間に港で売れなかった魚の切り身を組み合わせて作るスープだった。海水で茹でられ、ジャガイモが添えられていた。作り方は簡単で、「沸騰 (bout) したら、火を弱める (baisses) から名前がつけられた。ニンニクをこすりつけた固いパンとルイユと呼ばれるソースと一緒に供されていた。

　今では、ブイヤベースはプロヴァンス地方の豪華料理のひとつである。有名シェフたちが、調理する際の守らなければならないきまりを書き記している。地中海でとれた4種類以上の異なる魚を組み入れなければならず、イセエビを入れてはいけない。今ではほとんどの場合、2つの皿に分けて盛りつけられる。ひと皿はスープ、そしてもうひと皿はジャガイモが添えられた魚の切り身。ああ、残念！　今ではもう安くはない。

S'entrainer

1 Reliez chaque mot à sa définition. 単語をその意味と結びつけましょう。

| ⓐ ail | ⓑ gastronomie | ⓒ poisson |
| ⓓ port | ⓔ sauce | |

1. Plante au gout piquant, avec une odeur assez forte.　　　（　）
2. Art de déguster et d'apprécier ce que l'on mange.　　　（　）
3. Préparation salée accompagnant un aliment.　　　（　）
4. Endroit où arrivent et d'où partent les bateaux.　　　（　）
5. Animal vivant dans la mer.　　　（　）

2 Choisissiez la phrase où le mot souligné a le même sens que dans le texte. 下線部の単語が、テクスト内と同じ意味で使われているものを選びましょう。

1. ⓐ La 9ᵉ symphonie a été <u>composée</u> par Beethoven.
   ⓑ Le fleuriste a <u>composé</u> un bouquet de roses.

2. ⓐ « Soupe » est un <u>nom</u> féminin.
   ⓑ « Tu connais le <u>nom</u> de famille de Kento ? »

3. ⓐ « Quel est le <u>plat</u> du jour ? »
   ⓑ « Manon fait beaucoup de sport : elle a le ventre <u>plat</u>. »

4 ⓐ « Les melons sont meilleur <u>marché</u> en été. »
   ⓑ « Nous avons <u>marché</u> 10 km en forêt, dimanche. »

5. ⓐ « Une bonne <u>pièce</u> de bœuf, il n'y a rien de meilleur ! »
   ⓑ « Voici une <u>pièce</u> de 2 euros. »

6. ⓐ Julien est <u>chef</u> d'entreprise en Bretagne.
   ⓑ Michel est un <u>chef</u> étoilé : son restaurant a trois étoiles.

7. ⓐ « Arrête-toi, le <u>feu</u> est rouge ! »
   ⓑ « Mets la soupe sur le <u>feu</u> ! Nous allons bientôt manger. »

8. ⓐ Ce restaurant fait en moyenne 2500 euros de <u>recette</u> par jour.
   ⓑ « Tu connais la <u>recette</u> de la quiche lorraine ? »

Comprendre Vrai ou faux ? テクストの内容と合っているか考えましょう。(37)

1. Les artisans français font des produits de qualité. ( )
2. Miyuki Murase était fromagère en France. ( )
3. Mei Narusawa a remporté le concours de la meilleure baguette en 2017. ( )
4. Shinya Tasaki est devenu meilleur sommelier de France. ( )
5. C'est le père de Kôji Nakada qui lui a transmis ses vignobles. ( )

(38)

Fromages, vins et pains font partie de l'image de la France. Ils sont reconnus comme excellents et produits par des artisans français passionnés par leur métier. Mais ceux-ci sont-ils les meilleurs dans leur domaine ? La réponse est : « Pas toujours ! ». Ainsi, en 2013, à Tours, Miyuki Murase, une maitre-fromagère de Tokyo, a remporté le Concours International du Meilleur Fromager. Quatre ans plus tard, une Japonaise, Mei Narusawa, gagne le Concours de la meilleure baguette de tradition française : elle travaille, à l'époque, dans une boulangerie en Alsace. En 1995 déjà, Shinya Tasaki devenait le meilleur sommelier du monde. Kôji Nakada, lui, est parti de rien : il s'est installé à Gevrey-Chambertin, un bourg connu de tous les œnophiles, a acheté un vignoble et a travaillé durement pour produire des crus de qualité. Il est d'ailleurs devenu le personnage d'un manga : « Les gouttes de Dieu (神の雫)». À quand un chef français champion international des meilleurs sushis ?

Décrypter

- **artisan(e)** 名 職人
- **produit** 男 生産物　□ **produire** 他動 生産する
- **qualité** 女 質　de *qualité* 高品質の
- **fromager / fromagère** 名 チーズ製造者
- **remporter** 他動 獲得する、勝ち取る、持ち帰る
- **concours** 男 コンクール、選抜試験
- **sommelier / sommelière** 名 ソムリエ
- **transmettre** 他動 譲り渡す、伝える
- **vignoble** 男 ブドウ畑、ブドウ園
- **reconnu(e)** 形 世に認められた、著名な　□ **reconnaitre** 他動 認める
- **excellent(e)** 形 素晴らしい、すぐれた
- **passionné(e)** 形 …に夢中の、…に熱中した　名 …に夢中な人、マニア
- **métier** 男 職業
- **domaine** 男 分野、領域、専門、領地
- **maitre / maitresse** 名 師、名人、先生
- **plus tard** のちに
- **gagner** 他動 獲得する、勝つ、もうける
- **baguette** 女 バゲット、フランスパン
- **époque** 女 時代　à l'*époque* その当時
- **boulangerie** 女 パン屋（の店）
  - □ **boulanger / boulangère** 名 パン屋
- **s'installer** 代動 居住する、身を置く
- **œnophile** 名 ワイン愛好家
- **durement** 副 厳しく、激しく
- **cru** 男 銘醸ワイン、銘醸ワインを生産するブドウ園
- **d'ailleurs** それに、その上、しかも
- **goutte** 女 しずく、水滴
- **Dieu** 男 神

Un Japonais bourguignon

Kôji Nakada

un manga très populaire en France

国から国へ

　チーズ、ワイン、パンはフランスのイメージの代表である。素晴らしいものとして認められ、仕事を熱愛するフランスの職人たちによって生産されている。しかしこうした職人たちはそれぞれの分野で一番なのだろうか。答えは「必ずしもそうではない！」。2013年、トゥールでの最優秀チーズ職人コンクールで東京のチーズプロフェッショナルの村瀬美幸が優勝した。４年後には日本人の成澤芽衣がフランス伝統最高フランスパンコンクールで優勝する。当時彼女はアルザス地方のパン店で働いていた。1995年にすでに田崎真也が世界最優秀ソムリエになっている。仲田晃司はゼロから出発した。ワイン愛好家なら誰もが知っている村、ジュヴレ・シャンベルタンに移り住み、ブドウ畑を買い、高品質な銘醸ワインを造るために一生懸命働いた。さらに彼はマンガ『神の雫』の登場人物になった。フランス人シェフが寿司の世界チャンピオンになるのはいったいいつだろうか？

S'entrainer

1 Reliez chaque mot à sa définition. 単語をその意味と結びつけましょう。

ⓐ artisan	ⓑ métier	ⓒ œnophile
ⓓ personnage	ⓔ sommelier	

1. Personne représentée dans un roman, une BD, un film… ( )
2. Personne chargée de la cave et du service des vins dans un restaurant. ( )
3. Profession demandant un apprentissage et de l'expérience. ( )
4. Personne qui a une profession manuelle traditionnelle. ( )
5. Personne qui apprécie les vins. ( )

2 Choisissez la phrase où le mot souligné a le même sens que dans le texte. 下線部の単語が、テクスト内と同じ意味で使われているものを選びましょう。

1. ⓐ « Avec votre poisson, je vous conseille cet excellent cru. » dit le sommelier.
   ⓑ « Tous nos sushis sont faits avec du poisson cru très frais. » dit une cheffe.
2. ⓐ « Mon domaine fait une trentaine d'hectares. » dit un fermier.
   ⓑ « J'ai réussi dans le domaine de la chanson. » dit Seiko Matsuda.
3. ⓐ « Kōnosuke Matsushita a été un grand chef d'entreprise. » dit une journaliste.
   ⓑ « Paul Bocuse a été un grand chef. » dit un journaliste culinaire.
4. ⓐ « Remportez ce plat, il est froid. » dit un client dans un restaurant.
   ⓑ « La France a remporté son match. » dit un fan de foot.
5. ⓐ « Le temple d'or fait partie de l'image de Kyoto. » dit une guide touristique.
   ⓑ « Les images, dans ce film, sont magnifiques. » dit un critique de cinéma.

Comprendre Vrai ou faux ? テクストの内容と合っているか考えましょう。 (39)

1. Kento est resté en France pendant une année. ( )
2. Au café, Kento parlait souvent avec des Français. ( )
3. Les Français ne disent pas toujours le « ne » de la négation. ( )
4. Les grammaires de l'oral et de l'écrit sont parfois différentes. ( )
5. Il est possible d'utiliser le français de la rue dans un test oral. ( )

(40)

Quand Kento est allé un an en France, il adorait s'asseoir à une terrasse de café pour écouter les Français parler entre eux. C'était, pour lui, un bon moyen pour s'habituer à leur vitesse et à leur façon de parler. Il s'est vite rendu compte que la grammaire qu'il avait apprise en classe n'était pas vraiment respectée dans la conversation. Ainsi, il a noté que le « ne » de la négation était souvent absent : « Tu comprends rien ! ». Le pronom personnel « tu » est élidé devant les verbes commençant par une voyelle, notamment avoir ou être : « T'as gagné ? » « T'es libre ce soir ? ». Le « e » de « je » n'est pas souvent prononcé devant un verbe débutant par une consonne : « J'sais pas. ». « Il » disparait dans l'expression « il y a » : « Y'a quelqu'un ? ».

Mais attention, impossible pour lui d'imiter les natifs de la langue dans son prochain test de conversation : il aurait une très mauvaise note !

□ **négation** 女 否定、否定表現　□ **négatif / négative** 形 否定の

□ **grammaire** 女 文法

□ **parfois** 副 時には、時折

□ **test** 男 テスト、試験

□ **s'asseoir** 代動 座る

□ **terrasse** 女 テラス、テラス席

□ **entre** 前 …の間で、…の間に　＊人、空間、時間、状態などに使う

□ **s'habituer** 代動 **à ...** …に慣れる

□ **vitesse** 女 速さ、速度　□ **vite** 副 速く

□ **se rendre** 代動 自らを…にする　*se rendre* compte 気づく、わかる

□ **noter** 他動 メモする、…に気づく、**...** に注目する

□ **absent(e)** 形 いない、不在の ⇔ □ **present(e)** いる

□ **personnel(e)** 形 人称の、私的な

□ **élider** 他動（語尾母音）を省略する

□ **voyelle** 女 母音、母音字

□ **notamment** 副 特に

□ **prononcer** 他動 …を発音する、話す

□ **débuter** 自動 始まる　他動 始める

□ **consonne** 女 子音

□ **expression** 女 表現、表情、言い回し

□ **quelqu'un / quelqu'une** 代名 誰か

□ **attention** 女 注意、関心　*Attention* ! 注意しなさい！

□ **imiter** 他動 …をまねる、模倣する

□ **natif / native** 名 ネイティヴ、〜 **de ...** …生まれの

□ **note** 女 成績、メモ

« J'parle français ! »

口頭でのフランス語

　ケントは１年間フランスに行っていたとき、フランス人同士が話しているのを聞くためにカフェのテラス席に座っているのが大好きだった。それは彼にとってフランス人の話すスピードや話し方に慣れるのによい方法だった。彼はすぐに、会話では授業で習った文法がそれほど守られていないことに気がついた。たとえば « Tu comprends rien !（きみは何もわかっていない！）» といったように、否定の ne はしばしばないことに気づいた。また人称代名詞の tu は母音で始まっている動詞の前では語尾の母音が省略される、« T'as gagné ?（きみが勝ったの？）» « T'es libre ce soir ?（今日の夜ひま？）» のように、特に avoir や être 動詞では。je の e は « J'sais pas.（わからない）» のように子音で始まる動詞の前ではあまり発音されない。« Y'a quelqu'un?（誰かいるの？）» のように il y a という表現では il は消えている。

　でも次の会話のテストでは、ケントはこの言語のネイティブの真似をしないよう気をつけなければいけない。さもなければ彼は悪い点数をとることになるだろう。

S'entrainer

1 Reliez chaque mot à sa définition. 単語をその意味と結びつけましょう。

ⓐ disparaitre	ⓑ élider	ⓒ imiter
ⓓ noter	ⓔ respecter	

1. Suivre la règle.   (   )
2. Remarquer.   (   )
3. Supprimer des lettres dans la composition d'un mot.   (   )
4. Faire pareil.   (   )
5. Ne plus être dit.   (   )

2 Complétez chaque phrase avec un des mots suivants. 選択肢から
適切な単語を選び、文を完成させましょう。

absent	s'assoir	s'habituer	débuter
langue	natif	note	notamment
test	vitesse		

1. « Ma fille vient de _____ au cinéma ! » dit un père, très heureux.
2. « C'est difficile de _____ à la chaleur de l'été à Kyoto. » dit Luc.
3. « À quelle _____ roule le TGV ? » demande Kento à Thomas.
4. « Je serai _____ la semaine prochaine. » dit un professeur à ses élèves.
5. « On peut _____ un moment ? J'ai chaud ! » demande Julie à Léa.
6. « Je suis _____ de Paris : je suis un vrai Parisien. » dit Marc.
7. « Il y a beaucoup de monde ici, _____ le weekend. » dit Léo.
8. « Lundi, je ferai un _____ écrit. » dit le professeur d'anglais.
9. « La _____ française est difficile ! » dit Takayuki.
10. « 14 sur 20 en math, c'est une bonne _____ ! » dit Jean.

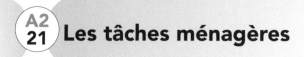

Comprendre Vrai ou faux ? テキストの内容と合っているか考えましょう。 🔊41

1. Une loi a été proposée sur le partage des tâches ménagères. ( )
2. Le but de cette loi serait un partage à égalité de ces tâches. ( )
3. Une majorité de Français pensent que cette loi serait stupide. ( )
4. Prouver que le travail à la maison est mal partagé sera difficile. ( )
5. Les tâches ménagères sont mieux partagées qu'autrefois. ( )

🔊42

Certaines féministes ont des idées fortes pour faire évoluer la société. L'une d'entre elles a proposé de créer un délit de « non partage des tâches ménagères ». Si cette loi était adoptée, ce qui parait peu probable, un mari recevrait une amende ou une peine de prison s'il ne faisait pas, à égalité avec sa conjointe, la vaisselle, la lessive, le ménage, ne participait pas à la préparation des repas ou à l'éducation des enfants. Une enquête a montré que plus de la moitié des Français ne trouvaient pas cette idée complètement absurde, surtout les Jeunes.

Mais comment pourra-t-on prouver un tel délit ? Devra-t-on vivre chez soi, sous l'œil de caméras permettant de savoir qui fait quoi ? Il faudrait porter plainte auprès de la police ou d'un tribunal, ce que peu de gens envisagent de faire. En vrai, le partage des tâches progresse : une majorité de femmes pensent que leur mari fait plus à la maison que leur père quand elles étaient petites.

- □ **tâche** 囡 仕事、任務
- □ **ménager / ménagère** 形 家事の、家庭の　□ **ménage** 男 家事
- □ **loi** 囡 法律、法　□ **légal(e)** 形 法律の
- □ **partage** 男 分担、共有　□ **partager** 他動 …を分担する
- □ **but** 男 意図、目的
- □ **stupide** 形 馬鹿げた、愚かな
- □ **créer** 他動 作り出す、設立する　□ **création** 囡 創造、創作
- □ **délit** 男 犯罪、違反
- □ **adopter** 他動 採択する、採用する　□ **adoption** 囡 採用
- □ **probable** 形 ありそうな、確からしい
- □ **recevoir** 他動 受け取る、被る
- □ **amende** 囡 罰金
- □ **peine** 囡 罰、苦労
- □ **prison** 囡 刑務所、牢
- □ **conjoint(e)** 名 〔行政用語〕配偶者　＊夫婦の一方を他方との関係で示す
  　〔類〕□ **époux / épouse** 配偶者　＊ mari, femme より改まった表現
- □ **vaisselle** 囡 食器洗い
- □ **lessive** 囡 洗濯
- □ **ménage** 男 家事（特に掃除、片付け）
- □ **participer** 他動 à... …に参加する、協力する
- □ **éducation** 囡 教育、教養　□ **éducatif / éducative** 形 教育を目的とする
- □ **enquête** 囡 アンケート、調査　□ **enquêter** 他動 sur... …について調査する
- □ **moitié** 囡 半分
- □ **absurde** 形 非常識な
- □ **prouver** 他動 証明する、立証する　□ **preuve** 囡 証拠、証明
- □ **œil** 男 〔複数 yeux〕目、監視、注目　sous l'*œil* de... …の監視のもとに
- □ **plainte** 囡 苦情、不満、告訴　porter *plainte* 訴える
- □ **auprès** 前 de... …のすぐ近くに、店に対して
- □ **tribunal** 男 裁判所、法廷
- □ **envisager** 他動 検討する
- □ **progresser** 自動 進歩する、向上する、上達する

Une femme consacre encore 3 h 26 de son temps aux tâches ménagères contre 2 h pour les hommes (2020).

– 9 % des hommes repassent.

– 21 % des hommes trient le linge et lancent une lessive.

– 22 % des hommes lavent les sanitaires.

– 40 % des hommes font les courses.

– 40 % des hommes s'occupent des enfants.

– 44 % des hommes font le ménage.

– 50 % des hommes font la cuisine.

– 52 % des hommes font la vaisselle.

– 55 % des hommes sortent les poubelles.

– 71 % des hommes bricolent dans la maison.

(Sources : IPSOS pour Mapa/Spontex 2019, INSEE)

家事

　社会を変えようと確固たる考えをもっているフェミニストたちがいる。彼女たちのひとりが家事の非分担罪を設立しようと提案した。もしこの法案が認められれば――可能性は低そうだが――、配偶者と同じだけ皿洗い、洗濯、掃除をしなかったり、食事の準備や子どもの教育を一緒にしなかった夫は、罰金刑あるいは禁固刑を受けるかもしれない。あるアンケートによるとフランス人の半数以上、特に若者はこの考えを完全に馬鹿げたものだとは思っていない。

　しかし、この違反をどうやって証明できるのだろうか。自分の家の中で誰が何をしたかを調べることができるカメラの監視のもとに生活しなければならないのだろうか。警察や裁判所に訴えなければならないのだろうか。そうしようとする人はほとんどいない。実際には家事分担は進んでいる。大多数の女性は、自分たちが子供だった頃の父親より、夫は家庭で多くのことをしていると思っている。

S'entrainer

1 Reliez chaque mot à sa définition. 単語をその意味と結びつけましょう。

ⓐ délit	ⓑ police	ⓒ prison
ⓓ société	ⓔ tribunal	

1. Milieu humain, organisé par des lois, des règles et des traditions.

( )

2. Lieu où la justice est rendue. ( )

3. Administration qui assure la sécurité des populations. ( )

4. Endroit où on enferme les personnes condamnées. ( )

5. Non respect d'une loi, puni par la justice. ( )

2 Complétez les phrases suivantes avec le verbe qui convient, conjugué au présent de l'indicatif. 適切な動詞を選び、直説法現在形にして書きましょう。

adopter	envisager	évoluer	montrer	prouver

1. En 2002, la France _____ l'euro.

2. Un panneau _____ la direction à prendre.

3. Aline _____ de changer de travail l'an prochain.

4. La société française _____ rapidement.

5. Ce tableau _____ que ce peintre est un véritable artiste.

3 Choisissez le mot qui convient parmi les deux homophones et complétez la phrase. 適切な語を選んで文章を完成させましょう。

1. « Oh, tu as fait une [tache / tâche] sur ta cravate ! ».

2. « Votre gâteau aux [amandes / amendes] était délicieux ! ».

3. « Ce que tu dis me fait de la [pêne /peine] ! ».

4. « Quel joli clair de [l'une /lune] ! ».

5. « Je voudrais bien acheter cette [paire / père] de lunettes ! ».

Comprendre Vrai ou faux ? テクストの内容と合っているか考えましょう。 43

1. Les volcans, en France, sont actifs. ( )
2. La plupart des volcans, en France, sont dans les plaines. ( )
3. L'eau minérale comporte des éléments bons pour la santé. ( )
4. L'eau du robinet, en France, n'est pas potable. ( )
5. L'eau du robinet peut avoir un gout. ( )

44

Le Japon est un pays de volcans actifs. Du sol jaillissent des sources d'eau chaude naturelle qu'on utilise pour se baigner. La France métropolitaine est riche en eau minérale, notamment dans les régions montagneuses où on trouve de nombreux volcans en sommeil ou éteints. Cette eau reste très longtemps sous terre et s'enrichit d'éléments bons pour la santé : 14 ans pour l'eau d'Evian ou 50 ans pour celle de Contrexéville par exemple. Les Français les consomment, parce qu'elles ont bon gout et sont pratiques à transporter dans des petites bouteilles.

Un ami japonais se demandait pourquoi ne pas boire tout simplement l'eau du robinet. Il pensait qu'elle n'était peut-être pas potable. Mais la France est un pays développé, où on fait très attention à l'état physique de la population. Comme cette eau provient de nappes souterraines ou de surface, elle est traitée avec du chlore avant de la distribuer. Cela peut lui donner une saveur que certains n'aiment pas.

- □ **volcan** 男 火山　　*volcan* actif 活火山　　*volcan* sommeil 休火山
- □ **la plupart des + 複数名詞** 大部分の…、ほとんどの…
- □ **plaine** 女 平原、平野
- □ **comporter** 他動 含む
- □ **élément** 男 要素、成分
- □ **santé** 女 健康、体調、健康状態、健全
- □ **robinet** 男 （水道、ガスなどの）栓、蛇口、コック
- □ **potable** 形 飲める、飲用に適する
- □ **gout** 男 味、味覚　　□ **gouter** 他動 味わう、味見する
- □ **jaillir** 自動 噴き出す、湧き出る
- □ **source** 女 泉、水源
- □ **se baigner** 代動 浸かる、風呂に入る、水遊びをする
- □ **métropolitain(e)** 形 本国の、首都の
- □ **minéral(e)** 形 鉱物質を含む　*eau minérale* ミネラルウォーター
- □ **montagneux / montagneuse** 形 山の多い
- □ **éteint(e)** 形 消えた、スイッチを切った　*volcan* éteint 死火山
   - □ **éteindre** 他動 消す
- □ **sous (la) terre** 地下に
- □ **s'enrichir** 代動 豊かになる、富む、お金持ちになる
- □ **consommer** 他動 消費する、食べる、飲む　□ **consommation** 女 消費
- □ **transporter** 他動 …を運ぶ
- □ **pays développé** 男 先進国
- □ **physique** 形 身体の、物質の
- □ **provenir** 自動 **de ...** …から来る　□ **provenance** 女 産地
- □ **nappe** 女 層、広がり、テーブルクロス
- □ **souterrain(e)** 形 地下の　*cf.* □ **terrain** 男 土地
- □ **surface** 女 表面、地表
- □ **traiter** 他動 取り扱う、処理する　□ **traitement** 男 待遇、治療
- □ **chlore** 男 塩素
- □ **distribuer** 他動 配給する、配る　□ **distribution** 女 配達、分配
- □ **saveur** 女 味、風味、味わい

Les eaux minérales les plus consommées en France

Eau du robinet
– 66 % des Français préfèrent l'eau du robinet et en boivent chaque jour.
– L'eau du robinet est 200 à 300 fois moins chère que l'eau en bouteille.

Eau minérale
– Les Français consomment 118 litres d'eau minérale par an et par personne.
– Une bouteille en plastique met 400 ans pour se décomposer.

水の話

　日本は活火山の国である。地面から天然の温泉が湧き、人々は入浴するために使っている。フランス本土では、特にいくつもの休火山や死火山のある山岳地方において、ミネラルウォーターが豊富である。水は長い間地中に留まっていて、健康によい成分が豊富である。エヴィアンの水は14年、コントレクセヴィルの水は50年といったように。フランス人は、味がよく、また小さなボトルで持ち運ぶのに便利なので、こうした水を飲む。

　ある日本人の友人は、なぜ気軽に水道水を飲まないのか不思議に思った。飲用に適していないのかと考えた。しかしフランスは先進国であり、国民の健康にとても注意を払っている。水道水は地下や地表から生じるので、配水される前に塩素で処理される。それによって味がついてしまう場合があり、それを好まない人もいるのだ。

S'entrainer

1 Reliez chaque mot à sa définition. 単語をその意味と結びつけましょう。

ⓐ chlore	ⓑ éteint	ⓒ jaillir
ⓓ potable	ⓔ robinet	

1. Élément chimique dont le symbole est Cl.   (   )
2. Sortir de terre (pour un liquide ou un gaz).   (   )
3. Qui n'est plus en activité.   (   )
4. Que l'on peut boire.   (   )
5. Appareil qu'on ouvre ou ferme pour faire couler un liquide. (   )

2 Choisissez l'explication qui convient pour chaque expression tirée du texte. テキストからの引用です。説明が適切なものを選びましょう。

1. *où l'on trouve de nombreux volcans en sommeil…*
   ⓐ Ces volcans ne seront plus jamais actifs.
   ⓑ Ces volcans peuvent redevenir actifs un jour.

2. *… qu'elle n'était peut-être pas potable.*
   ⓐ L'eau du robinet ne devrait pas être consommée.
   ⓑ L'eau du robinet ne devrait pas être mise en bouteille.

3. *… la France est un pays développé.*
   ⓐ Les Français ont accès à la santé, l'éducation, la culture.
   ⓑ La situation économique et sanitaire, en France, n'est pas bonne.

4. *… où l'on fait très attention à l'état physique de la population.*
   ⓐ Les Français doivent faire beaucoup de sport.
   ⓑ La santé des Français est très surveillée.

5. *… elle est traitée avec du chlore avant de la distribuer.*
   ⓐ On ajoute du chlore pour parfumer l'eau.
   ⓑ On élimine les microbes, bactéries et virus avec du chlore.

Comprendre Vrai ou faux ? テクストの内容と合っているか考えましょう。 (45)

1. En France, pour se marier, il faut aller à la mairie. ( )
2. Claude et Ralf ont fait un vrai mariage. ( )
3. Deux femmes peuvent signer un PACS. ( )
4. Pour annuler un PACS, il faut passer devant un juge. ( )
5. L'union libre, c'est vivre à deux sans se marier ou se pacser. ( )

(46)

Manon et Farid vont se marier. Ils sont allés à la mairie pour décider d'une date, ont rempli un dossier de mariage. Le jour de la cérémonie, ils se sont dits « oui » en présence du maire, de deux témoins (quatre au maximum selon la loi), et ont reçu leur acte de mariage. Claude et Ralf désiraient également former une famille, mais étant deux hommes, ils ont signé un PACS, qui est un contrat déposé à la mairie, conclu entre deux personnes majeures, de sexe différent ou de même sexe, pour organiser leur vie commune. Cela leur donne à peu près les mêmes droits qu'à Manon et Farid. Anna et Kenji, eux, ont choisi l'union libre : vivre ensemble tout simplement.

Alors quelle est la différence principale entre le mariage civil et le PACS ? Comme beaucoup d'histoires d'amour ne se terminent pas bien, en cas de séparation, Manon et Farid devront divorcer et pour cela, aller devant un juge. Claude et Ralf pourront modifier ou annuler facilement leur PACS, par une déclaration commune à l'état civil.

- □ **mariage** 男 結婚
  - □ **marier** 他動 …を結婚させる　□ **se marier** 代動 **avec ...** …と結婚する
- □ **PACS** 男〔略〕(= pacte civil de solidarité) 連帯市民協約 ： 結婚せずに同居している異性、同性のカップルに結婚に準じた権利を認める契約。
- □ **union** 女 結び付き、つながり、団結、組合
- □ **mairie** 女 市役所、町村役場、市 [区、町、村] 長職
  - □ **maire** 男 市長、区長、町長、村長
- □ **signer** 他動 サインする　□ **signature** 女 サイン
- □ **annuler** 他動 …を取り消す　□ **annulation** 女 キャンセル
- □ **juge** 男 裁判官、審判
- □ **se pacser** 代動 PACS の契約を結ぶ
- □ **remplir** 他動 …に記入する、…を満たす
- □ **dossier** 男 書類、フォルダー
- □ **cérémonie** 女 儀式、式典
- □ **en présence de ...** の前で
- □ **témoin** 男 証人、立会人、目撃者　□ **témoigner** 自動 証言する
- □ **acte** 男 証書、記録、行為
- □ **également** 副 同様に　□ **égal(e)** 形 等しい　□ **égalité** 女 平等
- □ **former** 他動 …を形作る　□ **forme** 女 形
- □ **contrat** 男 契約、契約書
- □ **déposé(e)** 形 登録された
- □ **conclu > conclure** 他動 …を結ぶ、…を終える
  - □ **conclusion** 女 結論
- □ **organiser** 他動 …を組織する、…を企画する　□ **organisation** 女 組織、企画
- □ **commun(e)** 形 共通の、共同の
- □ **à peu près** ほぼ、ほとんど、およそ
- □ **séparation** 女 別離、分離
- □ **divorcer** 自動 離婚する　□ **divorce** 男 離婚
- □ **modifier** 他動 …を修正する、変更する　□ **modification** 女 修正、変更
- □ **déclaration** 女 宣言、表明、届け出　□ **déclarer** 他動 **...** を表明する
- □ **état civil** 男 住民課

Vivre à deux en France (2019)

– Une femme se marie en moyenne à 36,3 ans.
– Un homme se marie en moyenne à 39,3 ans.
– 221 00 mariages civils ont été célébrés.
– 88 000 mariages civils ont été suivis d'un mariage religieux dans une église.
– 209 000 pactes de solidarité (PACS) ont été signés.
– 63 000 divorces ont été prononcés par un juge.
– 80 % des mariages ont lieu entre juin et septembre.
– Le budget moyen d'une fête de mariage est de 11 800 euros.
– 15,3 % des mariages sont des mariages mixtes.

Note : tous ces chiffres datent d'avant la pandémie de 2020, qui a largement modifié la façon de vivre des Français.

婚姻関係　PACS とフリーユニオン

　マノンとファリドは結婚する予定だ。彼らは市役所に行き、日付を決め、婚姻書類に記入した。式の当日、市長、証人 2 名（法律により最大 4 名）の前でお互いに oui と言い、結婚証明書を受け取った。クロードとラルフも同じように家族をつくりたいと思っていたが、2 人とも男性であるため、PACS（民事連帯契約）に署名した。PACS は、共同生活を営むために異性あるいは同性の成人 2 人が締結し、市役所に提出する契約である。PACS により彼らには、マノンとファリドの場合とほぼ同じ権利が与えられる。アンナとケンジは単に一緒に暮らすフリーユニオンを選んだ。

　では、民法上の結婚と PACS の主な違いは何か？　多くのラブストーリーはうまくいかなくなることもあるので、別れることになった場合、マノンとファリドは離婚しなければならず、そのためには裁判所に行かねばならない。クロードとラルフは、住民課へ届け出ることで簡単に自分たちの PACS を変更または無効にできる。

S'entrainer

1 Reliez chaque mot à sa définition. 単語をその意味と結びつけましょう。

ⓐ acte	ⓑ commun(e)	ⓒ famille
ⓓ majeur(e)	ⓔ service	

1. Ensemble formé par les parents et les enfants.   (   )
2. Bureau qui fait un travail précis (ex : délivrer des passeports)   (   )
3. Qui a 18 ans et plus (en France).   (   )
4. Document officiel.   (   )
5. Qui est fait ensemble.   (   )

2 Complétez chaque phrase avec l'un des deux mots proposés. Chaque mot ne peut être utilisé qu'une seule fois. 指示された2つの単語のいずれかで文を完成させましょう。単語はそれぞれ1度しか使えません。

1. civil(e) / religieux, religieuse
   ⓐ Le mariage _____ est le seul mariage officiel.
   ⓑ Le mariage _____ dépend de la religion de chacun.

2. divorcer / se marier
   ⓐ « Mes amis vont _____ : ils ne s'entendent plus. »
   ⓑ « Mon frère va _____ le mois prochain, avec une Japonaise.»

3. choisi(e) / décidé(e)
   ⓐ « Voter la loi sur le PACS a été _____ en 1999. »
   ⓑ « Hélène a _____ une robe de mariée classique. »

4. habiter / vivre
   ⓐ Anna dit : « Ken, je ne pourrais pas _____ sans toi. »
   ⓑ Ken voudrait _____ un studio à Paris, avec Anna.

5. contrat / dossier
   ⓐ Farid est vient de signer un _____ pour un nouveau film.
   ⓑ Manon doit présenter son _____ d'inscription à la fac.

Comprendre Vrai ou faux ? テクストの内容と合っているか考えましょう。 47

1. En France, on apprend à lire à l'école maternelle. ( )
2. Il n'y a qu'une méthode pour apprendre à lire en français. ( )
3. La méthode syllabique part de la lettre pour arriver au mot. ( )
4. La méthode globale part du mot pour arriver à la lettre. ( )
5. Un enfant devrait savoir lire à la fin du cours préparatoire. ( )

48

En France, l'apprentissage de la lecture débute à la maternelle, les élèves découvrent quelques lettres et mots de manière ludique. Le vrai travail commence en CP (cours préparatoire) et diffère, selon la méthode choisie par l'enseignant. La première est dite « syllabique » : les élèves apprennent à reconnaitre les lettres et les sons qu'elles produisent, seules ou sous forme d'ensemble de lettres (ex : au [o]) pour ensuite former des mots, puis des phrases et petits textes qu'ils doivent comprendre.

Il existe aussi la « méthode globale » qui suit le chemin inverse. D'abord, les enfants sont amenés à lire des mots dans leur totalité (ex : papa) puis décodent les syllabes (pa) et les lettres (p et a) qui les forment. Mais cette façon de faire est critiquée.

Théoriquement, à la fin du CP, un enfant doit être capable de lire de manière autonome, silencieusement ou à haute voix, un texte adapté à son niveau et surtout d'y prendre plaisir !

☐ **maternelle** 囡 幼稚園 (= école maternelle)

☐ **méthode** 囡 方法、やり方

☐ **syllabique** 形 音節の、音綴の　☐ **syllabe** 囡 音節、音綴

☐ **global(e)** 形 全体的な、地球規模の　☐ **globe** 團 地球

☐ **préparatoire** 形 準備の

☐ **apprentissage** 團 学習　☐ **apprendre** 他動 …を学ぶ

☐ **lecture** 囡 読むこと、読書　☐ **lire** 他動 …を読む

☐ **ludique** 形 遊びの

☐ **CP** (=cours préparatoire) 團 準備学級（小学校 1 年生に相当）

☐ **différer** 自動 異なる、違う　☐ **différent(e)** 形 異なった
　　☐ **différence** 囡 違い

☐ **enseignant(e)** 图 教師　☐ **enseigner** 他動 …を教える
　　☐ **enseignement** 團 教育

☐ **reconnaitre** 他動 …を認識する、それとわかる
　　☐ **reconnaissance** 囡 認識、承認

☐ **suivre** 他動 従う、…に沿って進む

☐ **inverse** 形 逆の、反対の　團 反対　☐ **inverser** 他動 …を逆にする

☐ **amener** 他動 （人を）導く、連れてくる

☐ **totalité** 囡 全体　☐ **total(e)** 形 全体の

☐ **décoder** 他動 （暗号）を解読する　☐ **décodage** 團 暗号解読

☐ **critiquer** 他動 批判する、非難する

☐ **théoriquement** 副 原則的には、理論上　☐ **théorie** 囡 理論

☐ **être capable de + 不定詞** …できる

☐ **autonome** 形 自立的な、自立した

☐ **silencieusement** 副 静かに　☐ **silence** 團 沈黙、静けさ
　　☐ **silencieux / silencieuse** 形 静かな

☐ **à haute voix** 大声で
　　(= à voix haute) ⟺ à voix basse (= à mi-voix) 小声で

☐ **adapter** 他動 適合させる、脚色する

☐ **plaisir** 團 楽しみ、気晴らし　prendre [avoir] (du) *plaisir* à …を楽しむ

Lire

un livre de lecture

des mots qui forment des phrases

des syllabes

読むことを学ぶ

　フランスでは、読むことは幼稚園から始まり、生徒は遊びながらいくつかの文字や単語を発見する。実際の勉強は小学校1年生から始まるが、その方法は教師の選択によって異なる。ひとつ目の方法は「音綴」といわれるものである。生徒たちは、文字と文字が作り出している音を、1文字あるいは文字のまとまり (au = [o] など) で理解することを学び、その後、さらには彼らが理解しなければならない単語や文、短いテクストを学ぶ。

　その逆のやり方の「グローバルメソッド」もある。まず子供たちは単語全体を読むように導かれ（たとえば、papa お父さん）、次にそれらを形成する音節（pa）と文字（p と a）に解読する。しかし、このやり方は批判されている。

　原則的には、小学校1年生の終わりには、子供は自分のレベルに合ったテクストを、黙ってあるいは声を出して自力で読むことができなければならない。何よりも楽しむために！

S'entrainer

1 Reliez chaque mot à sa définition. 単語をその意味と結びつけましょう。

ⓐ autonome	ⓑ capable	ⓒ global(e)
ⓓ inverse	ⓔ ludique	

1. Qui peut faire seul(e) une action.　　　　　　　　(　)
2. Qui sait faire une chose, une action.　　　　　　(　)
3. Qui est opposé(e), qui est dans le sens contraire.　(　)
4. Qui permet de s'amuser (tout en apprenant).　　　(　)
5. Qui est entier (entière), complet (complète).　　　(　)

2 Choisissez la phrase où le mot souligné a le même sens que dans le texte. 下線部がテクスト内と同じ意味で使われているものを選びましょう。

1. ⓐ Jérôme vient de recevoir une lettre de son ami japonais.
   ⓑ Sayuri ne sait pas bien prononcer la lettre « r » en français.
2. ⓐ Carole a oublié son livre de lecture à la maison.
   ⓑ François ne connait pas le son de ce caractère hiragana « わ ».
3. ⓐ « Je vous dois combien ? » demande le client à la boulangère.
   ⓑ « Patrice, tu dois faire des efforts en classe ! » dit le professeur.
4. ⓐ « Vous devriez parler un peu plus haut, on ne vous entend pas. »
   ⓑ « Ce mont est le plus haut de la région. »
5. ⓐ E, a, u forment un ensemble qui se prononce [o].
   ⓑ Julie portait un joli ensemble le jour du mariage de son frère.

3 Reliez chaque mot à son exemple. 単語とその例と結びつけましょう。

1. Une consonne　•　　　•　ⓐ i
2. Un mot　　　　•　　　•　ⓑ li
3. Une syllabe　　•　　　•　ⓒ lire
4. Une voyelle　　•　　　•　ⓓ r

Comprendre Vrai ou faux ? テキストの内容と合っているか考えましょう。(49)

1. Malick est né au Sénégal, puis est venu en France.   ( )
2. Malick a eu de très bonnes notes au baccalauréat.   ( )
3. Malick a été le meilleur étudiant de sa promotion.   ( )
4. Malick et Léo ont envoyé leur CV dans les mêmes sociétés.   ( )
5. Malick n'a reçu aucune proposition d'emploi.   ( )

(50)

　Malick est français. Ses parents sont sénégalais, mais il est né et a grandi « dans le 9-3 » le département de la Seine-Saint-Denis (93), dans la banlieue nord de Paris. Après avoir obtenu son bac avec mention très bien, il est entré sur concours dans une école de commerce très réputée. Brillant élève, il est sorti premier de sa promotion. Depuis, il cherche un travail : il a postulé dans plusieurs sociétés en envoyant son CV accompagné d'une lettre de motivation parfaitement écrite, mais sans succès. Son meilleur ami et camarade de classe, Léo, habitant dans le 8e arrondissement de Paris, et lui ont fait un essai : tous les deux ayant le même parcours, ils ont répondu aux mêmes offres d'emploi. Léo a reçu plusieurs propositions, Malick rien. Il a alors téléphoné pour demander des nouvelles de sa candidature. À chaque fois, la personne au bout du fil lui a répondu que le poste proposé était désormais occupé. Dans la devise de la France, il y a le mot *égalité*. Vraiment ?

Décrypter

☐ **Sénégal** 固有 男 セネガル　☐ **sénégalais(e)** 形 セネガルの

☐ **baccalauréat** 男 (= bac) バカロレア（中等教育修了認定資格）

☐ **promotion** 女 （グランゼコールの）同期入学生、昇進、販売促進

☐ **CV** (= curriculum vitae) 男 〔略〕履歴書

☐ **proposition** 女 提案、申し出　☐ **proposer** 他動 …を提案する

☐ **département** 男 県

☐ **mention** 女 評価、成績　☐ **mentionner** 他動 …に言及する

☐ **réputé(e)** 形 評判の高い、有名な

☐ **brillant(e)** 形 優秀な、輝く
　　☐ **briller** 自動 輝く　☐ **brillamment** 副 輝かしく

☐ **postuler** 他動 （職や地位）を志願する

☐ **motivation** 女 動機
　　☐ **motivé(e)** 形 動機のある、意欲的な　☐ **motiver** 他動 …を動機づける

☐ **camarade** 名 仲間、同僚

☐ **arrondissement** 男 （パリ、マルセイユ、リヨンの行政区分）区

☐ **essai** 男 試み、試験、エッセイ　☐ **essayer** 他動 …を試す

☐ **parcours** 男 行程、道筋
　　☐ **parcourir** 他動 …を歩き回る、ざっと検討する

☐ **offre** 女 申し出、提案　☐ **offrir** 他動 …を与える、示す

☐ **emploi** 男 職　offre [demande] d'*emploi* 求人、求職

☐ **candidature** 女 応募、立候補
　　☐ **candidat(e)** 名 志願者、候補者、受験者

☐ **au bout du fil** 〔話〕電話をかけて

☐ **devise** 女 標語、スローガン、信条
　　« Liberté, Égalité, Fraternité», *devise* de la République française フランス共
　　和国のスローガン「自由、平等、博愛」

Recherche d'emploi

une agence Pôle emploi

une agence d'intérim

une offre d'emploi

un CV (curriculum vitæ)

平等？

　マリックはフランス人である。両親はセネガル人だが、彼はパリ北部の郊外にあるセーヌ・サン・ドニ県（93）「neuf-trois」で生まれ育った。バカロレアで優の成績をとり、選抜試験によって評判の高いビジネススクールに入学した。優秀な学生で、同期の中で首席で卒業した。それ以来、彼は仕事を探している。完璧に書かれた志願書を添えた履歴書をいくつかの会社に送って応募したが、うまくいかなかった。彼の親友で同級生でもあるレオは、パリの8区に住んでいて、彼もやってみた。同じ学歴をもつ2人が、同じ求人に応募してみたのである。レオはいくつもの誘いを受けたが、マリックには何もなかった。そこでマリックは自分の応募について尋ねるために電話をかけた。毎回、電話の相手は、求人したポストはすでにうまっていると答えた。フランスのスローガンに「平等」という言葉がある。本当だろうか？

S'entrainer

1 Reliez chaque mot à sa définition. 単語をその意味と結びつけましょう。

ⓐ emploi	ⓑ mention	ⓒ nouvelle
ⓓ offre	ⓔ parcours	

1. Proposition que l'on fait à quelqu'un.　　　　　　　(　)
2. Renseignements ou informations sur la situation.　(　)
3. Travail pour lequel on est payé.　　　　　　　　　(　)
4. Appréciation du jury lors d'un examen, d'un concours.　(　)
5. Ensemble des classes et matières suivies pendant les études. (　)

2 Complétez chaque groupe de phrases avec le même mot (mais dans deux sens différents) choisi parmi le panier des mots. 選択肢から同じ単語（ただし意味は異なる）を入れ、文を完成させましょう。

bac	commerce	devise	essai	poste	promotion

1. ⓐ Le yen est la _____ du Japon.
   ⓑ « Liberté, Égalité, Fraternité » est la _____ de la France.
2. ⓐ La mère de Malick tient un petit _____ de fruits exotiques.
   ⓑ Cette société fait du _____ avec beaucoup de pays étrangers.
3. ⓐ Luc a obtenu son _____. Il va pouvoir entrer à l'université.
   ⓑ Tom joue dans le _____ à sable du jardin public.
4. ⓐ Malick cherche un _____ de chef des ventes à Nantes.
   ⓑ Le bureau de _____ ouvre de 8 h à midi le samedi.
5. ⓐ Les pommes sont en _____ cette semaine : 2€ pour 2 kilos.
   ⓑ Malick et Léo font partie de la _____ 2019 de leur école.
6. ⓐ Malick a écrit un _____ sur le commerce en ligne.
   ⓑ Léo a fait l'_____ d'une voiture électrique.

Les statues de la Liberté

Comprendre Vrai ou faux ? テキストの内容と合っているか考えましょう。(51)

1. Le sculpteur Bartholdi était pour l'esclavage. ( )
2. La statue de la Liberté a été payée par l'État français. ( )
3. Autrefois, l'île où se trouve la statue était un lieu de vacances. ( )
4. Le jour de l'inauguration, aucune personne noire n'a été invitée.( )
5. Les copies de la statue ont partout la même taille. ( )

(52)
   Frédéric Auguste Bartholdi est un sculpteur français, qui a toujours lutté contre l'esclavagisme. Quand, en 1865, l'esclavage est aboli aux États-Unis, il décide de créer une immense statue, représentant une femme portant une torche, symbole de progrès, de lumière et de liberté ! Les couts de sa construction et de son transport à New-York sont énormes : ce sont des personnes privées qui vont les financer. L'État américain offre l'île Bedloe, ancienne base militaire. Les frais pour le piédestal sont payés grâce aux lecteurs d'un journal. Le 28 octobre 1886, la *statue de la Liberté* est inaugurée par le président de l'époque, Grover Cleveland. 600 personnes sont invitées pour l'occasion, mais aucun Noir !

   Il existe de très nombreuses répliques de cette statue, dans des tailles différentes, en France et dans le monde entier. Allez sur l'île aux cygnes, près du pont de Grenelle, lors de votre prochain voyage à Paris et faites une jolie photo de cette statue, avec en fond la tour Eiffel !

Décrypter

- [ ] **statue** 女 像、彫像　La *statue* de la Liberté 自由の女神像
- [ ] **sculpteur** [skyltœr] / **sculptrice** 名 彫刻家　[ ] **sculpture** 女 彫刻
- [ ] **esclavage** 男 奴隷、奴隷制度
- [ ] **État** 男 国家、政府、（米国の）州
- [ ] **inauguration** 女 除幕式、開会式
- [ ] **copie** 女 複製、コピー
- [ ] **taille** 女 サイズ、大きさ、身長
    - *cf.* [ ] **pointure** 女（靴・手袋・帽子の）サイズ
- [ ] **lutter** 他動 戦う、競う　[ ] **lutte** 女 闘争、闘い
- [ ] **esclavagisme** 男 奴隷制
- [ ] **abolir** 他動 廃止する　[ ] **abolition** 女 廃止
- [ ] **immense** 形 巨大な、広大な
- [ ] **torche** 女 たいまつ、トーチ
- [ ] **progrès** 男 進歩、進展
- [ ] **cout** 男 コスト、費用　[ ] **couter** 自動 …の費用がかかる
- [ ] **transport** 男 輸送、運搬　[ ] **transporter** 他動 運ぶ
- [ ] **énorme** 形 莫大な、巨大な
- [ ] **privé(e)** 形 民間の、私有の、私的な
    - ⟺　[ ] **public / publique** 形 公共の
- [ ] **financer** 他動 出資する、融資する　[ ] **financement** 男 出資、融資
- [ ] **offrir** 他動 …を贈る、提供する　[ ] **offre** 女 申し出、提供
- [ ] **base** 女 基地、基礎
- [ ] **frais** 男〔複〕支出、出費、費用
- [ ] **piédestal** 男 台座（← pied）
- [ ] **lecteur / lectrice** 名 読者　[ ] **lecture** 女 読書
- [ ] **inaugurer** 他動 …の落成式を執り行う、…を開始する
- [ ] **réplique** 女 レプリカ、模写、模作
- [ ] **ile aux cygnes** 固有 白鳥の島
- [ ] **fond** 男 背景、バック、底、奥

Il y a six statues de la Liberté à Paris :
- – sur l'île aux Cygnes ;
- – dans le jardin du Luxembourg ;
- – au musée d'Orsay ;
- – au musée des Arts et Métiers (2 statues) ;
- – sur la statue du Centaure, place Michel Debré (elle ne mesure
  que quelques centimètres et est difficile à voir).

sur l'île aux Cygnes   dans le jardin du Luxembourg

自由の女神像たち

　フレデリック・オーギュスト・バルトルディは、常に奴隷制に闘い続けたフランス人の彫刻家である。1865 年にアメリカ合衆国で奴隷制度が廃止になったとき、彼は松明を持ち、進歩、光、自由を象徴する女性の巨大な彫刻を建てようと決心する。像の建造やニューヨークへの輸送にかかる費用は莫大だったが、それらを出資したのは民間の人々であった。アメリカ国家はかつて軍事基地であったベドロー島を提供する。台座のための費用は某新聞の読者たちの厚意によってまかなわれた。1886 年 10 月 28 日に当時の大統領グローバー・クリーブランドによって自由の女神像の除幕式が執り行われた。その日のために 600 人が招待されたが、黒人はひとりもいなかった。

　フランス、そして世界中には大きさの違うたくさんのレプリカがある。あなたの次のパリ旅行では、グルネル橋の近くの ile aux cygnes（白鳥の島）に行き、エッフェル塔を背景にこの像のとても素敵な写真を撮ってください。

S'entrainer

1 Reliez chaque mot à sa définition. 単語をその意味と結びつけましょう。

ⓐ cout	ⓑ cygne	ⓒ époque
ⓓ lecteur	ⓔ torche	

1. Gros oiseau aquatique, qui a un cou long et souple.　　　(　)
2. Prix total payé.　　　(　)
3. Personne qui lit seul et silencieusement un texte.　　　(　)
4. Sorte de lampe.　　　(　)
5. Moment de l'histoire.　　　(　)

2 Complétez chaque phrase avec le verbe qui convient, conjugué au passé composé. 適切な動詞を複合過去にして、文を完成させましょう。

abolir	créer	financer	inaugurer	offrir

1. Martin _____ un joli bouquet de fleurs à sa maman.
2. Le président _____ une nouvelle ligne de TGV.
3. Les parents de Pierre _____ ses études de médecine.
4. On ne sait pas qui _____ le croque-monsieur au XIXe siècle.
5. La France _____ la peine de mort en 1981.

3 Complétez chaque phrase avec le bon mot. 適切な単語を選びましょう。

1. « Cet homme m'a donné un [coup / cout] sur la tête. » dit Léo.
2. « Regarde ce joli [cygne / signe] noir, sur le lac ! » dit Nadia.
3. « Qu'est-ce que [fond / font] les enfants ? » demande maman.
4. « Je trouve cette sauce un peu [grâce / grasse]. » dit un client.
5. « [L'ile / Lille] est une ville du nord de la France. » dit Elsa.
6. « Combien coute un [aller / allez] pour Paris ? » demande Matéo.

Voyage en sous-sol !

Comprendre Vrai ou faux ? テクストの内容と合っているか考えましょう。 53

1. Les touristes, à Paris, utilisent peu le métro.   (   )
2. Toutes les stations sont décorées de manière différente.   (   )
3. Les touristes pensent que le métro parisien est très sûr.   (   )
4. Neuf touristes japonais sur dix utilisent le métro à Paris.   (   )
5. Les touristes trouvent le métro trop lent.   (   )

54

Les touristes empruntent souvent le métro parisien pour se déplacer dans la capitale. Côté positif, ils aiment bien la variété des décors des stations : certaines sont originales et très belles. À « Bastille », une très longue fresque évoque la prise de la Bastille en 1789. À « Concorde », les murs sont recouverts de carrelages avec des lettres bleues. Il s'agit du texte de la Déclaration des Droits de l'Homme et du Citoyen. À « Gare de Lyon » se trouve un jardin exotique. « Arts et métiers » ressemble à un sous-marin avec ses hublots et plaques de cuivre, etc.

Côté négatif, ils trouvent que les couloirs, les quais manquent de propreté et qu'il y a des odeurs désagréables. Ils aimeraient que la signalétique et les bornes d'achat soient en plusieurs langues. Ils ont peur des pickpockets et, tard le soir, ils ne se sentent pas en sécurité. Malgré cela, 90 % des touristes japonais utilisent le métro parce qu'il permet d'aller rapidement d'un point à un autre de la ville pour pas cher.

- □ **sous-sol** 男 地下、地階、地下室
- □ **décorer** 他動 …を飾る
- □ **emprunter** 他動 …を利用する ; …を借りる
- □ **se déplacer** 代動 移動する、旅行する
- □ **variété** 女 変化に富むこと □ **varié(e)** 形 変化に富んだ
  □ **varier** 自動 変化する
- □ **décor** 男 装飾、舞台装置
  □ **décoratif / décorative** 形 装飾の
- □ **fresque** 女 フレスコ画、大壁画、広大な描写
- □ **évoquer** 他動 …を思い起こさせる *cf.* **se souvenir de ...** 他動 思い出す
- □ **prise** 女 奪うこと、取ること *cf.* **prendre** 他動 …を奪う、手に入れる
- □ **mur** 男 壁
- □ **recouvert > recouvrir** 他動 覆う
- □ **carrelage** 男 タイル張り、タイル敷き □ **carreler** 他動 …にタイルを張る
- □ **il s'agit de ...** それは…である、…が問題である
- □ **déclaration** 女 宣言 la *Déclaration* des Droits de l'Homme et du Citoyen（フランス革命の）人権宣言
- □ **exotique** 形 エキゾチックな、異国風の
- □ **sous-marin** 男 潜水艦
- □ **hublot** 男（旅客機、船の）円窓、舷窓
- □ **plaque** 女 プレート、板
- □ **cuivre** 男 銅
- □ **négatif / négative** 形 否定的な ⟺ **positif / positive** 形 肯定的な
- □ **quai** 男 プラットフォーム
- □ **manquer de...** 他動 …を欠く、が不足している □ **manque** 男 不足、欠如
- □ **propreté** 女 清潔さ □ **propre** 形 清潔な □ **proprement** 副 清潔に
- □ **odeur** 女 におい
- □ **désagréable** 形 不快な ⟺ □ **agréable** 形 快適な
- □ **signalétique** 女 案内標識
- □ **borne d'achat** 女 自動券売機
- □ **pickpocket** 男 すり

Des jolies stations !

une entrée d'une station

le décor classique

Bastille

Louvre-Rivori

地下旅行

　観光客は首都パリの中を移動するのによくメトロ（地下鉄）利用する。よい面は、観光客は駅の多彩な装飾を好むことである。いくつかの駅は独創的で、とても美しい。バスティーユ駅では 1789 年のバスティーユ襲撃が長大なフレスコ画で描かれている。コンコルド駅の壁は青い文字のタイルで覆われている。フランス革命の人権宣言のテクストである。リヨン駅にはエキゾチックな庭園がある。アール・エ・メティエ駅は、舷窓や銅板などによって潜水艦のように見える。

　悪い面は、観光客は通路、プラットフォームが清潔さを欠き、不快な臭いがすると感じていることである。彼らは案内標識や自動券売機は複数の言語で表記されることを望んでいる。スリを恐れ、夜遅くには安全とは感じていない。それでも、日本人観光客の 90％はメトロを利用している。市内のある地点から別の地点に迅速に安く移動できるからだ。

S'entrainer

1 Reliez chaque mot à sa définition. 単語をその意味と結びつけましょう。

| ⓐ couloir | ⓑ fresque | ⓒ odeur |
| ⓓ quai | ⓔ signalétique | |

1. Passage allant d'un point à un autre dans le métro. ( )
2. Grande peinture sur un mur. ( )
3. Ensemble des informations permettant de se diriger dans le métro. ( )
4. Endroit où s'arrêtent et d'où partent les rames du métro. ( )
5. Sensation perçue par le nez. ( )

2 Complétez chaque groupe de deux phrases avec le même verbe. それぞれの文に同じ動詞を入れ、全体を完成させましょう。

| a manqué | emprunter | fait |
| ont trouvé | ressemble | (se) sent |

1. ⓐ « Pour aller à Marseille, nous allons _____ l'autoroute. »
   ⓑ « Pour acheter une maison, je devrai _____ de l'argent. »
2. ⓐ « Murielle ne _____ pas bien : elle va chez le docteur. »
   ⓑ « Cette fleur _____ très bon. »
3. ⓐ « Les Suzuki _____ que Paris était très joli. »
   ⓑ « Marie et sa sœur _____ un portefeuille dans le métro. »
4. ⓐ « Julie _____ des classes au trimestre dernier. »
   ⓑ « Paul _____ de temps pour finir son test. »
5. ⓐ « Agir comme cela ne te _____ pas ! »
   ⓑ « Kurashiki, à Okayama, _____ à Venise. »
6. ⓐ « Pierre, que _____-il dans la vie ? »
   ⓑ « Cette boulangerie _____ aussi pâtisserie. »

Comprendre Vrai ou faux ? テクストの内容と合っているか考えましょう。(55)

1. Adèle et Max ont été dans la même école primaire.　　　( )
2. C'est Max qui a repris contact avec Adèle, en premier.　　( )
3. Une rencontre à Paris était pratique pour les deux anciens amis.( )
4. Adèle n'a pas compris pourquoi Max lui disait « adieu ».　( )
5. Le mot « adieu » a le même sens, partout en France.　　　( )

(56)

Adèle a reçu un courriel de Max, son meilleur ami d'école primaire ! Ils s'étaient perdus de vue, leurs familles ayant déménagé. Il l'avait retrouvée grâce à Internet. Adèle l'a appelé et ils ont décidé d'une rencontre à Paris, lui habitant dans le Sud-Ouest et elle à Strasbourg. Ils ont passé une belle journée, à évoquer leurs souvenirs d'enfance.

Au moment de repartir, Max a serré Adèle dans ses bras et lui a dit « Adieu mon amie ! ». Elle a pensé qu'il ne voulait plus la revoir. Pour elle, le mot « adieu » signifiait qu'on quitte une personne pour une très longue période ou pour toujours. Mais elle a été rassurée quand, de retour chez elle, elle a trouvé un nouveau mail : « Revoyons-nous vite, avec nos familles cette fois ! ». Après quelques recherches, elle a découvert avec étonnement que, dans la France du Sud-Ouest, « adieu » était couramment employé pour dire « salut » et que peu de gens utilisaient « au revoir ».

- □ **adieu** [間投] （長期間または永遠に別れるときに言う）さようなら、さらば
- □ **primaire** [形] 初頭の、初歩の　*école primaire* [女] 小学校
- □ **contact** [男] 連絡、接触、触れ合い
  - □ **contacter** [他動] 連絡をとる
- □ **partout** [副] あちこち、いたるところ
- □ **surprise** [女] 驚き
  - □ **surprendre** [他動] 驚かせる、不意を突く
- □ **courriel** [男] E メール
- □ **meilleur(e)** [形] よりよい（bon の優等比較級）
- □ **se perdre** [代動] 失われる　*se perdre* de vue 疎遠になる
- □ **déménager** [自動] 引越す
  - □ **déménagement** [男] 引越し
- □ **appeler** [他動] 呼ぶ、電話する
- □ **souvenir** [男] 思い出、記憶　*cf.* **se souvenir de ...** [代動] 思い出す
- □ **enfance** [女] 子供時代、幼年時代
  - □ **enfant** [名] 子供
- □ **repartir** [自動] 再び出発する　*cf.* **partir** [自動] 出発する
- □ **serrer** [他動] 抱きしめる、握りしめる
- □ **bras** [男] 腕
- □ **revoir** [他動] 再び会う
- □ **pour toujours** 永遠に、永久に
- □ **rassurer** [他動] 安心させる
- □ **retour** [男] 帰宅、帰着　□ **retourner** [自動] 戻る
- □ **recherche** [女] 追求、探求、リサーチ
  - □ **rechercher** [他動] 追及する
- □ **découvrir** [他動] 発見する、見つける、覆いを取る
  - □ **découverte** [女] 発見
- □ **étonnement** [男] 驚き
  - □ **étonner** [他動] …を驚かせる

Un français un peu différent !

Les mots et expressions du Sud-Ouest de la France viennent, pour la plupart de l'occitan, que l'on appelle aussi « langue d'oc ».

Ils sont très utilisés dans la conversation par les personnes vivant depuis toujours ou depuis longtemps dans cette région, à la grande surprise des Français(e)s venu(e)s d'autres régions.

Adieu (ou Adiou) : pour dire « bonjour » ou pour prendre congé de quelqu'un.

Adishatz ! : pour dire « au revoir », « à bientôt », « à plus ».

友よ、さらば！

　アデルは小学校時代の親友マックスからメールを受け取った！　それぞれの家族が引っ越してからは疎遠になっていた。マックスはインターネットのお陰でアデルを見つけることができたのだった。アデルはすぐに彼に電話をした。マックスは南西部、アデルはストラスブールに住んでいるので、パリで会うことにした。2人は子供時代の思い出を懐かしみ、素敵な1日を過ごした。

　別れ際にマックスはアデルを抱きしめ、« Adieu mon ami（友よ、さらば！）» と言った。アデルはもう彼は自分に会いたくないのだと思った。アデルにとって adieu という言葉は、とても長い期間、または永遠に別れることを意味しているからだ。しかし家に帰って「またすぐに会おう。今度は家族も一緒に」という新着メールを見つけて安心した。調べてみると、フランス南西部では adieu は salut の意味で一般的に使われ、また au revoir を使う人はあまりいないということを知って、彼女は驚いた。

S'entrainer

1 Reliez chaque mot à sa définition. 単語をその意味と結びつけましょう。

ⓐ appeler	ⓑ déménager	ⓒ se quitter
ⓓ rassurer	ⓔ revoir	

1. Rencontrer une personne une nouvelle fois. ( )
2. Changer de lieu d'habitation. ( )
3. Redonner de la confiance à quelqu'un. ( )
4. Utiliser un téléphone pour communiquer. ( )
5. Se séparer d'une personne plus ou moins longtemps. ( )

2 Choisissez la bonne explication pour chaque expression, selon son emploi dans le texte. それぞれの表現がテクストに使われている意味と同じものを選びましょう。

1. *Se perdre de vue* :
    ⓐ avoir des problèmes avec ses yeux, devenir aveugle.
    ⓑ ne plus avoir de contact avec une personne pendant une longue période.

2. *Décider d'une rencontre* :
    ⓐ choisir une date pour un prochain match.
    ⓑ prendre rendez-vous avec quelqu'un.

3. *Appeler quelqu'un* :
    ⓐ demander à quelqu'un de venir, par un mot ou un geste.
    ⓑ prendre contact avec quelqu'un par téléphone.

4. *Évoquer des souvenirs* :
    ⓐ acheter des cadeaux pour quelqu'un pendant un voyage.
    ⓑ parler du passé.

5. *Être couramment employé(e)* :
    ⓐ être très souvent utilisé(e).
    ⓑ travailler très souvent dans un magasin, une usine.

Comprendre Vrai ou faux ? テキストの内容と合っているか考えましょう。 🔊57

1. La plupart des jeunes Français lisent tout en faisant autre chose. ( )
2. Quand ils arrivent au collège, ils redécouvrent le plaisir de lire. ( )
3. Au collège et au lycée, il y a des romans à lire obligatoirement. ( )
4. Les réseaux sociaux permettent de découvrir des livres. ( )
5. Les jeunes n'aiment pas trop lire des mangas ou des BD. ( )

🔊58

Une enquête du Centre national du livre, en 2022, montre que les jeunes Français passent plus de temps devant un écran (celui d'un téléviseur, d'un ordinateur, d'une tablette ou d'un téléphone portable), qu'à lire un livre. Environ la moitié d'entre eux déclarent d'ailleurs lire en envoyant des messages ou en consultant les réseaux sociaux. On note aussi une réelle baisse du nombre total de livres lus par plaisir au moment du collège et du lycée. À ces niveaux d'études, les programmes scolaires comportent des ouvrages qu'il faut étudier, sans vraiment en avoir envie !

Mais tout n'est pas négatif ! Les 7-19 ans lisent aussi des livres numériques et écoutent des livres audio ou des podcasts. Ils découvrent des autrices et des auteurs grâce à TikTok ou YouTube. Ils sont lecteurs ou lectrices des versions papier de films ou de séries et sont attirés par les mangas et les bandes dessinées. Lire permet de rêver, de se détendre, c'est-à-dire tout ce qu'aime faire cette génération. Il y a des raisons d'espérer.

Décrypter

- **redécouvrir** 他動 再発見する、再認識する
- **roman** 男 小説
- **obligatoirement** 副 義務として、必ず
- **BD** (=bande dessinée) 女 劇画
- **écran** 男 画面、スクリーン
- **téléviseur** 男 テレビ受像機 (= poste de télévision)
  - **téléviser** 他動 …を放映する　*cf.* **télévision** 女 テレビ（放送）
- **ordinateur** 男 コンピューター
- **tablette** 女 タブレット、板状のもの
- **déclarer** 他動 …と述べる、宣言する　□ **déclaration** 女 宣言、表明
- **consulter** 他動 …を調べる
- **réel(le)** 形 現実の、実際の
  - **réellement** 副 実際に　□ **réalité** 女 現実
- **baisse** 女 減少　□ **baisser** 他動 …を低くする
- **ouvrage** 男 著作、作品
- **envie** 女 欲求　avoir *envie* de ... …がしたい
- **numérique** 形 デジタルの
- **auteur / autrice** 名 作者
- **version** 女 版
- **série** 女 シリーズ、連続ドラマ
- **attirer** 他動 …を引きつける
- **public** 男 一般の人々、読者
- **rêver** 自動 夢見る　□ **rêver** 他動 de ... …を夢見る、…の夢を見る
  - **rêve** 男 夢
- **se détendre** 代動 リラックスする、くつろぐ　□ **détente** 女 休息
- **génération** 女 世代
- **espérer** 他動 …を期待する、…を願い
  - **espérance** 女 希望、期待　〔類〕**espoir** 男

Les jeunes (7-25 ans) et la lecture

– Temps de lecture par semaine : 3 h 50.

– Temps passé devant un écran par semaine : 19 h 50 par semaine.

– Nombre de livres lus par plaisir par an : de 18 à 22 (selon les âges).

– Nombre de jeunes déclarant aimer lire : 84 % (42 % aiment, 42 % adorent).

Ils choisissent un livre en fonction de sa couverture, du personnage principal, mais aussi à partir du résumé au dos du livre ou sur les conseils de quelqu'un.

(enquête du CNL, 2022)

読むべきか読まざるべきか

2022 年の Centre national du livre（国民書籍センター）の調査によると、フランス人の若者は、本を読むよりも、画面（テレビ、コンピューター、タブレット、携帯電話のいずれか）の前で、より多くの時間を過ごしている。彼らの約半数は、メッセージを送信したり、ソーシャルネットワークを見たりすることで読書をしたと述べている。また、中学・高校時代に楽しみとして読む本の総数も大幅に減少している。この時期の学習段階では、カリキュラムに、実際には読みたいと思わなくても、勉強しなければならない本が含まれている！

しかし、すべてが否定的なことばかりではない！ 7 〜 19 歳はデジタルブックも読み、オーディオブックやポッドキャストを聴く。彼らは TikTok や YouTube を通じて著者を知る。映画やドラマのペーパー・バージョンの読者で、マンガや BD に興味をもっている。読書によって、夢を見たり、リラックスしたり、つまり、この世代がやりたいと思っていることすべてをすることができる。希望はある。

S'entrainer

1 Reliez chaque mot à sa définition. 単語をその意味と結びつけましょう。

> ⓐ autrice   ⓑ écran   ⓒ génération
> ⓓ ouvrage   ⓔ programme

1. Appareil permettant de regarder des images. (   )
2. Tout ce qui doit être appris dans un niveau scolaire. (   )
3. Ensemble des personnes de même âge ou à peu près. (   )
4. Femme qui a écrit un ou des livre(s). (   )
5. Livre. (   )

2 Complétez les phrases suivantes avec les mots du panier des mots. 選択肢から適切な単語を選び、文を完成させましょう。

> message   lecteur   plaisir   série   version

1. Le père de Léo prend beaucoup de _____ à lire son journal.
2. Anna vient de recevoir un _____ sur son téléphone portable.
3. Paul est un grand _____ de romans de science-fiction.
4. La _____ préférée de Myriam sur Netflix, c'est « Émilie à Paris. »
5. Alain préfère la _____ japonaise du film « Godzilla, le retour. »

3 Complétez les deux expressions avec le même mot, trouvé dans le texte. テクスト内にある同じ語で2つの表現を完成させましょう。

1. Une _____ de chocolat / une _____ de la marque Apple.
2. Un _____ en anglais / une _____ de champignons.
3. Le _____ qui passe / le _____ qu'il fait.
4. Une _____ de police / une _____ sur la vie des Français.
5. Un _____ en noir et blanc / un _____ plastique.
6. Du _____ à lettres / du _____ toilette.

Comprendre Vrai ou faux ? テクストの内容と合っているか考えましょう。 59

1. La tradition des étrennes, en France, est née en 1789. ( )
2. Pour leurs étrennes, les enfants reçoivent beaucoup d'argent. ( )
3. Seuls les enfants reçoivent des étrennes en France. ( )
4. Tous les travailleurs reçoivent des étrennes en décembre. ( )
5. Donner des étrennes aux pompiers, c'est leur dire merci. ( )

60

Comme au Japon, les grands-parents et les parents, en France, donnent une petite somme d'argent, le 1er janvier, à leurs petits-enfants ou enfants. La tradition des « étrennes » est très ancienne : elle remonte à l'Antiquité, époque où on offrait des figues, du miel ou des dattes à ses amis proches et à sa famille. Le montant est modeste, une dizaine ou une vingtaine d'euros, parce que, quelques jours auparavant, beaucoup d'argent a été dépensé pour Noël.

Dans l'Hexagone, cette coutume prend également une autre forme. Pendant le mois de décembre, les pompiers, les éboueurs ou les facteurs passent de maison en maison pour recevoir leurs étrennes en échange, le plus souvent, d'un calendrier de l'année à venir. Dans les immeubles où est présent(e) un(e) concierge, les habitants le ou la remercient en lui laissant une petite enveloppe contenant quelques billets. Il n'est pas obligatoire de faire un don, bien sûr, mais c'est une façon de remercier ces personnes qui rendent service à toute la population.

Décrypter

□ **étrennes** 女 お年玉、祝儀、心付け

□ **somme** 女 金額、総額

□ **remonter** 自動 遡る、再び上る

□ **Antiquité** 女 古代

□ **figue** 女 イチジク

□ **miel** 男 ハチミツ

□ **datte** 女 ナツメヤシの実

□ **proche** 形 親しい、近い、近接した　名 近親者、親友、側近

□ **montant** 男 総額

□ **modeste** 形 つつましい、わずかな、質素な、謙虚な

□ **dizaine** 女 10、約 10 (← dix)　une *dizaine* de... およそ 10 の…

□ **vingtaine** 女 20、約 20 (← vingt)

□ **auparavant** 副 その前に、以前に

□ **dépenser** 他動 費やす、(金) を遣う

□ **hexagone** 男 六角形　l'*Hexagone* フランス本土

□ **coutume** 女 習慣

□ **éboueur / éboueuse** 名 ごみの収集人、清掃人

□ **facteur / factrice** 名 郵便配達人

□ **en échange de ...** …と交換で、…の代わりとして

□ **immeuble** 男 (主に住居、オフィス用の) 大きな建物、ビル
　　cf. □ **bâtiment** 男 (広く一般的に使う) 建物

□ **présent(e)** 形 いる、出席している
　　⇔　□ **absent(e)** 形 いない、欠席している

□ **concierge** 名 管理人、守衛

□ **habitant(e)** 形 住民、住人

□ **enveloppe** 女 封筒、カバー　**envelopper** 他動 …を包む

□ **contenir** 他動 含む、入れる

□ **don** 男 寄贈、贈与、寄付

□ **service** 男 役立つこと、サービス　rendre *service* à ... …に役立つ

Des calendriers offerts au moment des étrennes

par les factrices et facteurs | par les pompiers d'un village
(reproduit avec leur autorisation)

お年玉

　日本と同様、フランスでも祖父母や両親は少額のお金を1月1日に孫や子供にあげる。「お年玉」の伝統はとても古く、古代に遡る。当時はイチジク、ハチミツ、ナツメヤシの実などを親しい友だちや家族に贈っていた。金額はささやかで、10ユーロか20ユーロくらいである。なぜなら数日前にたくさんのお金がクリスマスプレゼントに遣われたからだ。

　フランスではこの習慣のほかの形式もある。12月に消防士、ゴミ収集人、郵便配達員たちが何かと交換に、心付けを受け取るために家々を回る。一番多いのは翌年のカレンダーだ。管理人のいるマンションでは住人たちは数枚のお札の入った小さな封筒を管理人に渡すことで感謝を示す。寄付することはもちろん義務ではないが、全ての住民たちのために貢献してくれている人々に感謝を示すひとつの方法だ。

S'entrainer

1 Reliez chaque mot à sa définition. 単語をその意味と結びつけましょう。

ⓐ cadeau	ⓑ concierge	ⓒ coutume
ⓓ don	ⓔ enveloppe	

1. Personne qui a la garde d'un immeuble.   (   )
2. Objet ou toute autre chose que l'on offre pour faire plaisir. (   )
3. Pochette de papier qui permet d'envoyer une lettre par exemple.

                                                             (   )
4. Action que l'on fait de manière habituelle.   (   )
5. Action d'offrir de l'argent (en général) à une personne. (   )

2 Complétez les phrases suivantes avec les mots du panier des mots. Chaque mot doit être utilisé deux fois (chaque sens est différent). 選択肢から適切な単語を選び、文を完成させましょう。単語は2回ずつ使いますが、それぞれ意味は違います。

argent	billet	forme	maison	service	somme

1. Dans ce restaurant, les couverts sont en _____.
2. Grand-père fait toujours un petit _____ après le déjeuner.
3. Dans cette rue se trouve la _____ où est né Victor HUGO.
4. Le prix des boissons est de 25 euros, _____ compris.
5. La _____ CHANEL est connue dans le monde entier.
6. Il ne faut pas oublier de composter votre _____ de train.
7. Le _____ de 10 000 yens représente Yukichi Fukuzawa.
8. En Suisse, la vie est chère : il faut beaucoup d' _____ pour vivre.
9. Le _____ en première classe, dans cet avion, est excellent.
10. Ce téléviseur coute une grosse _____, plus de 1000 euros.
11. Une conversation prend parfois la _____ d'une dispute.
12. Manon est très en _____ en ce moment.

Comprendre Vrai ou faux ? テクストの内容と合っているか考えましょう。 (61)

1. Le président est responsable de la sécurité du pays. ( )
2. Une personne peut être élue président 10 ans maximum. ( )
3. Il est possible d'organiser l'élection présidentielle en semaine. ( )
4. Tous les Français peuvent voter pour l'élection présidentielle. ( )
5. 15 % des Français ne votent pas lors de la présidentielle. ( )

(62)

Le président de la République, qu'on appelle aussi chef de l'État, joue un rôle très important. Chef des armées et de la diplomatie, il signe les lois votées par le parlement, vérifie que la justice fonctionne bien et nomme le Premier ministre. Jusqu'en 2000, il était élu pour un septennat (sept ans), pour un quinquennat (cinq ans) depuis. Il peut se représenter une seule fois. Sa photo officielle se trouve dans toutes les mairies de France.

L'élection présidentielle a toujours lieu un dimanche en France métropolitaine, la veille en outre-mer. Pour être électrice ou électeur, il faut avoir la nationalité française et être majeur(e). Le président est élu au suffrage universel direct, par le peuple (une personne = un vote) depuis 1965. Il faut voter en personne ou bien donner une procuration à quelqu'un qui le fera pour vous. Choisir le président (ou la présidente) est un acte citoyen important. Pourtant, un Français sur quatre (voire sur trois) ne participe pas à cette élection !

- □ **présidentiel(le)** 形 大統領の　élection *présidentielle* 大統領選挙
- □ **responsable** 形 責任がある
- □ **élu > élire** 他動 …を選出する
- □ **armée** 女 軍隊
  - □ **armé(e)** 形 武装した　□ **arme** 女 武器
- □ **diplomatie** 女 外交
  - □ **diplomate** 名 外交官　□ **diplomatique** 形 外交上の
- □ **parlement** 男 議会、国会　□ **parlementaire** 形 議会の
- □ **vérifier** 他動 …を確かめる　□ **vérification** 女 確認
- □ **justice** 女 司法、正義
- □ **fonctionner** 自動 機能する　□ **fonctionnaire** 名 公務員
  - □ **fonctionnel(le)** 形 機能的な　□ **fonctionnement** 男 働き
- □ **nommer** 他動 …を任命する、…を名づける
- □ **ministre** 名 大臣　le Premier *ministre* 首相
- □ **septennat** 男 7年の期間
- □ **se représenter** 代動 再出馬する
- □ **avoir lieu** 行われる、開催される
- □ **veille** 女 前日
- □ **outre-mer** 副 （フランスから見て）海外に、海外で
- □ **suffrage** 男 選挙制度　*suffrage* direct [indirect] 直接［間接］選挙
- □ **universel(le)** 形 一般的な、普遍的な、全世界の
- □ **en personne** 自ら、自分で、…本人
- □ **procuration** 女 代理、委任状

Le déroulement du vote pour l'élection présidentielle.

au 1er tour

au 2ème tour

Comme il est difficile d'obtenir la majorité au premier tour (la moitié des votes exprimés + une voix au moins), un second tour est nécessaire entre les deux candidat(e)s arrivé(e)s au premier tour. Le ou la vainqueur(e) est alors celui ou celle qui obtient le plus de voix.

大統領選挙

　国家元首とも呼ばれる共和国大統領は、非常に重要な役割を果たしている。軍隊と外交の長であり、議会によって採択された法律に署名し、司法が正しく機能していることを確認し、首相を任命する。2000年までは、大統領の任期は7年であったが、それ以降は5年の任期で選出されている。1回に限り再出馬ができる。大統領の公式写真はフランスのすべての役所にある。

　大統領選挙はフランス本土では常に日曜日に、海外領土では前日に行なわれる。有権者になるには、フランス国籍をもち、成人でなければならない。大統領は、1965年以後は直接普通選挙によって、国民（1人＝1票）によって選出されている。本人が直接投票するか、代わりに投票してくれる誰かに委任しなければならない。大統領を選ぶことは市民の重要な行為である。しかし、フランス人の4人に1人（または3人に1人）はこの選挙に参加していない！

S'entrainer

1 Reliez chaque mot à sa définition. 単語をその意味と結びつけましょう。

ⓐ bureau	ⓑ élection	ⓒ loi
ⓓ peuple	ⓔ veille	

1. Choix fait par un vote. ( )
2. Salle aménagée pour y effectuer un travail, une action. ( )
3. Le jour précédent. ( )
4. Personnes vivant en société sur un même territoire. ( )
5. Règle écrite, à respecter. ( )

2 Complétez les phrases suivantes par le verbe qui convient. 適切な動詞を選び、文を完成させましょう。

choisir	élire	nommer	participer
signer	vérifier	voter	

1. Pour _____ à ce marathon, il faut s'inscrire avant le 1er mai.
2. C'est difficile de _____ parmi tous ces candidats.
3. Il faut _____ chaque réponse quand on fait un test.
4. Samedi soir, on va _____ une nouvelle Miss France !
5. Cet acteur va _____ un contrat pour faire un film à Hollywood.
6. Le patron va _____ Jules chef de service.
7. Impossible de _____ sans montrer une pièce d'identité.

3 Observez avec attention chaque mot et reliez-le à son explication. 単語と説明を結びつけましょう。

1. Un duo • • ⓐ est une personne qui a entre 30 et 39 ans.
2. Un hexagone • • ⓑ est une forme à six côtés.
3. Un septennat • • ⓒ est un vélo à trois roues.
4. Un trentenaire • • ⓓ est un groupe de deux musicien(ne)s.
5. Un tricycle • • ⓔ est une période de sept ans.

A2
32 Finis ton morceau de pain !

Comprendre Vrai ou faux ? テクストの内容と合っているか考えましょう。 63

1. Le pain est important pour les familles les moins riches.　　(　)
2. Le prix du blé est une des causes de la Révolution de 1789.　(　)
3. Le pain est payant dans les restaurants français.　　　　　(　)
4. Les Français mangent le plus de pain, par an, dans le monde.　(　)
5. Les Français achètent plus de pains spéciaux que de baguettes. (　)

64

　　Le pain reste un élément incontournable de l'alimentation des Français. Il ne faut pas le jeter ! Le blé a toujours été un aliment de base du quotidien pour les familles les moins aisées. Lorsqu'en 1789, le prix de cette céréale a terriblement augmenté suite à une mauvaise récolte, les Parisiens, en colère, ont entouré le château du roi Louis XVI, réclamant du pain. C'était le début de la Révolution.

　　Le pain est toujours présent sur la table, pendant les repas à la maison. Dans les restaurants, il doit être offert gratuitement. Il fait partie des clichés sur la France, comme le béret, le fait de manger des cuisses de grenouille ou le romantisme. Pourtant, les Turcs ou les Bulgares en consomment bien plus : 330 g de pain par jour et par personne pour les premiers, 260 g pour les seconds, contre seulement 165 g au pays de la tour Eiffel ! Aujourd'hui, la baguette classique est toujours le pain préféré des Français, même si les boulangeries proposent une grande variété d'autres produits.

- □ **morceau** 男 断片、塊
- □ **blé** 男 小麦
- □ **cause** 女 原因、理由
- □ **révolution** 女 革命　la *Révolution* フランス革命
- □ **payant(e)** 形 有料の ⟺ □ **gratuit(e)** 無料の
- □ **plus de** + **無冠詞名詞** より多くの…
- □ **spécial(e)** 形〔男性複数 **spéciaux**〕特別の
- □ **incontournable** 形 避けて通れない、無視できない
- □ **alimentation** 女 食物、食生活
- □ **aliment** 男 食物、食料
- □ **aisé(e)** 形 くつろいだ、裕福な
- □ **céréale** 女 穀物、シリアル
- □ **terriblement** 副 非常に、過度に
  - □ **terrible** 形 恐ろしい、耐えがたい
- □ **suite** 女 続き、結果
- □ **récolte** 女 収穫　□ **récolter** 他動 収穫する
- □ **colère** 女 怒り　être en *colère* 怒っている
- □ **entourer** 他動 取り囲む、包囲する
- □ **réclamer** 他動 要求する、請求する　□ **réclamation** 女 要求
- □ **début** 男 始まり
- □ **gratuitement** 副 無料で、気まぐれに
- □ **cliché** 男 決まり文句、型にはまった考え
- □ **béret** 男 ベレー帽　＊もとはバスク、ベアルン地方の男性の帽子
- □ **fait** 男 事実、出来事
- □ **cuisse** 女 腿、もも肉
- □ **romantisme** 男 ロマンチシズム
- □ **Turc / Turque** 名 トルコ人
- □ **Bulgare** 名 ブルガリア人

Les pains préférés des Français

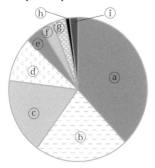

ⓐ la baguette tradition : 38 %
ⓑ la baguette classique : 22 %
ⓒ le pain graines-céréales : 17 %
ⓓ le pain de campagne : 10 %
ⓔ le pain complet : 4 %
ⓕ le pain bio : 3 %
ⓖ le pain gourmand (avec des fruits, du fromage ou des olives à l'intérieur) : 3 %
ⓗ le pain de mie : 1 %
ⓙ autre : 2 %

(source : étude QualiQuanti 2016)

ⓑ

ⓒ

ⓓ

パンを食べちゃいなさい！

　パンは今でもフランス人にとって軽視できない食べ物のひとつだ。捨ててはいけない！ 小麦は裕福ではない家庭にとって常に日々の重要な糧である。不作のためこの穀物の値段が跳ね上がった 1789 年、怒ったパリの人々はパンを要求し、ルイ 16 世の城を取り囲んだ。これがフランス革命の発端である。

　家庭での食事では、パンは常にテーブルの上にある。レストランでは無料で提供されなければならない。パンはベレー帽、カエルの腿肉を食べること、あるいはロマンチシズムと同じように、フランスに関する常套句だ。しかし、トルコ人やブルガリア人はずっと多くのパンを消費している。前者は 1 日 1 人 330 g、後者は 260 g、エッフェル塔のある国ではそれに対してたった 165 g だ。パン店は他のさまざまな種類のパンを販売しているのに、今日でもフランス人のお気に入りのパンはフランスパンだ。

S'entrainer

1 Reliez chaque mot à sa définition. 単語をその意味と結びつけましょう。

ⓐ béret	ⓑ cliché	ⓒ colère
ⓓ cuisse	ⓔ récolte	

1. Réaction violente. ( )
2. Partie de la jambe au-dessus du genou. ( )
3. Action pendant laquelle on recueille les produits de la terre. ( )
4. Stéréotype sur un peuple. ( )
5. Chapeau de forme ronde et plate. ( )

2 Complétez chaque phrase avec le verbe qui convient. [ ] から
適切な動詞を選び、文を完成させましょう。

1. Le client [a fait / a réclamé] du pain.
2. Au Japon, il faut [commencer / finir] son bol de riz.
3. Les Français [aiment / consomment] plus de vin que les Japonais.
4. Avec la crise, le prix du pain va encore [augmenter / baisser].
5. Ce restaurant [propose / vend] un menu du jour à 12 euros.
6. Il ne faut pas [avaler / manger] avec les doigts.
7. Jules [a écouté / a entendu] mille fois ses parents lui dire de manger proprement.
8. Un joli parc [entoure / tourne] le château.
9. Paul [a offert / a vendu] sa vieille voiture 500 euros.

3 Cherchez l'intrus. ジャンルにそぐわないものを選びましょう。

1. Un aliment : une pomme, un chou, un œuf, une crémerie
2. Un fruit : une poire, un kiwi, un haricot, une tomate
3. Une céréale : le blé, le riz, le quinoa, le petit pois
4. Un légume : un avocat, un poireau, une asperge, un oignon
5. Un repas : le diner, le souper, le déjeuner, le sandwich

Deux petits degrés !

Comprendre Vrai ou faux ? テクストの内容と合っているか考えましょう。 🔊65

1. Le GIEC annonce une hausse de 2 degrés avant 2030.　　　( )
2. 2° en plus des températures, c'est inquiétant pour la planète. ( )
3. 2° en plus provoquent de grands changements climatiques.　( )
4. Les changements du climat sont peut-être dus à l'Homme.　( )
5. La plupart des gens accepteront de changer leur mode de vie.( )

🔊66

　En février 2022, le GIEC a annoncé une hausse de deux degrés des températures sur la planète, dans les quinze ans à venir. Ce chiffre, à l'échelle de l'être humain, ne fait pas très peur. Pourtant, quand la température du corps passe de 37 à 39 degrés, nous tombons malades. Idem pour la planète ! Certains pensent que l'Homme trouvera à temps des solutions pour éviter l'augmentation du niveau des océans, la fonte de la calotte glaciaire, les migrations forcées pour cause de sécheresse, canicules, tempêtes, famines, etc. D'autres proposent une décroissance : consommer moins d'énergie en se chauffant moins en hiver, ne plus prendre l'avion, acheter des produits locaux, manger végétarien, éviter d'utiliser sa voiture : des changements dans nos modes de consommation, que la majorité des gens refusent encore de faire.

　Il n'y a plus de doute ! L'Homme est la raison du changement climatique et doit trouver des façons de vivre respectueuses de l'environnement.

Décrypter

- [ ] **degré** 男 （単位の）度
- [ ] **GIEC** (= Groupe d'experts intergouvernemental sur l'évolution du climat) 気候変動に関す政府間専門委員会
- [ ] **annoncer** 他動 …を予告する、…を知らせる　□ **annonce** 女 知らせ
- [ ] **hausse** 女 上昇 ⟺ **baisse** 女 減少　□ **hausser** 他動 …を上げる
- [ ] **température** 女 温度、気温
- [ ] **inquiétant(e)** 形 心配な、憂慮すべき
- [ ] **planète** 女 地球、惑星
- [ ] **provoquer** 他動 …を引き起こす、…の原因となる
- [ ] **échelle** 女 段階、はしご　à l'*échelle* de …のレベルで
- [ ] **être humain** 男 人間
- [ ] **corps** 男 身体
- [ ] **idem** 副 同じく、同上
- [ ] **à temps** 間に合って、遅れずに
- [ ] **éviter** 他動 …を避ける
- [ ] **augmentation** 女 増加　□ **augmenter** 他動 …を増やす
- [ ] **fonte** 女 溶けること　□ **fondre** 他動 …を溶かす　自動 溶ける
- [ ] **calotte glacière** 女 氷床、氷冠、氷帽、万年雪をかぶった山頂
- [ ] **migration** 女 移動、移住
- [ ] **forcé(e)** 形 強制された、…せざるを得ない、不自然な　□ **force** 女 力
  - [ ] **forcément** 副 当然　□ **forcer** 他動 …に強いる
- [ ] **sécheresse** 女 乾燥　□ **sec / sèche** 形 乾いた　□ **sécher** 他動 …を乾かす
- [ ] **canicule** 女 猛暑、熱波　□ **caniculaire** 形 焼けつくような
- [ ] **tempête** 女 嵐、暴風雨
- [ ] **famine** 女 飢饉、飢餓
- [ ] **se chauffer** 代動 身体を暖める、暖をとる
- [ ] **décroissance** 女 減少、衰退 ⟺ **croissance** 女 増加
  - [ ] **décroissant(e)** 形 減少する　□ **décroitre** 自動 徐々に減少する
- [ ] **végétarien(ne)** 形 菜食の　名 菜食主義者
- [ ] **démontrer** 他動 …を証明する、明らかにする、…を示す
- [ ] **environnement** 男 環境、自然環境

Les effets du changement climatique en France métropolitaine

La date des vendanges était en octobre jusqu'en 2001, en septembre depuis.

Au printemps, les oiseaux migrateurs reviennent d'Afrique une semaine plus tôt.

Le niveau de la mer s'est élevé de 4,3 cm de 2008 à 2018.

(Source Météo France)

わずか２度！

　2022 年 2 月、GIEC（気候変動に関する政府間専門委員会）は今後 15 年間で地球の気温が 2 度上昇すると発表した。この数字は、人間にとってはそれほど怖いものではない。しかし、体温が 37 度から 39 度になると病気になる。地球にとっても同様である！　ある人々は、人類は、海面の上昇、氷冠の融解、干ばつ、熱波、嵐、飢饉によって移住を余儀なくされることを回避するための解決策を間にあうように見つけるであろうと考えている。一方、減少を提案する人もいる。冬の暖房を少なくしてエネルギー消費を減らし、飛行機には乗らず、地元の製品を購入し、野菜を食べ、車の使用を避ける。つまり、私たちの消費スタイルを変えるのだ。ただし大多数の人々はまだそうすることを拒否している。

　もう疑いの余地はない！　人類が気候変動の原因であり、自然環境を尊重する生活様式を見つけなければならない。

1 Reliez chaque mot à sa définition. 単語をその意味と結びつけましょう。

| ⓐ calotte glaciaire | ⓑ cause | ⓒ doute |
| ⓓ migration | ⓔ température | |

1. Action de passer d'un pays à un autre, pour y habiter. ( )
2. Mesure de chaleur. ( )
3. Zone de glace, sur la terre, faisant 50 000 km^2. ( )
4. Fait de ne pas être sûr(e), certain(e) de quelque chose. ( )
5. Raison. ( )

2 Choissiez la phrase où le mot souligné a le même sens que dans le texte. 下線部の単語がテクスト内の意味と同じものを選びましょう。

1. ⓐ Beaucoup de Français vont au travail en voiture.
   ⓑ Dans les TGV, il y a souvent une voiture-bar.
2. ⓐ Les enfants ont toujours beaucoup d'énergie.
   ⓑ La France va augmenter la part des énergies nouvelles.
3. ⓐ La mode française est reconnue dans le monde entier.
   ⓑ Pour être secrétaire, il faut un mode de travail très organisé.
4. ⓐ La majorité des étudiants étudient sérieusement.
   ⓑ 18 ans est l'âge de la majorité au Japon depuis 2022.
5. ⓐ À l'échelle du monde, la France est un petit pays.
   ⓑ Pour monter sur le toit, il faut utiliser une échelle.
6. ⓐ Aux États-Unis, on utilise les degrés Farenheit.
   ⓑ L'angle droit est un angle qui fait 90 degrés.
7. ⓐ Il faut être attentif quand on conduit.
   ⓑ Un arbre est un être vivant.
8. ⓐ Avec le printemps arrive la fonte des neiges.
   ⓑ La fonte utilisée pour ce livre, c'est "Times".

Les activités périscolaires

Comprendre Vrai ou faux ? テクストの内容と合っているか考えましょう。 (67)

1. Les activités périscolaires sont une idée nouvelle. ( )
2. Autrefois, les écoles ne servaient que pour les cours. ( )
3. En 2013, le nombre d'heures de cours a baissé. ( )
4. Il est possible de faire les devoirs, dans le cadre scolaire. ( )
5. Il y a des activités périscolaires même le dimanche. ( )

(68)

L'idée d'offrir des activités de loisirs aux élèves du primaire jusqu'au lycée, en dehors du temps scolaire obligatoire, n'est pas nouvelle. En 1938 déjà, le ministre Jean ZAY avait essayé d'organiser des activités ludiques, mais pédagogiques, les samedis. L'expérience avait été arrêtée faute de moyens. Pendant longtemps, les bâtiments scolaires n'ont servi que pour les cours et une garderie, avant ou après ceux-ci. Pour faire du sport, du théâtre ou de la musique, les jeunes allaient dans des clubs, les MJC ou dans le privé. En 2013, le nombre d'heures de cours par semaine a diminué. L'idée de relier le monde scolaire aux loisirs est revenue, notamment pour aider les familles les moins favorisées ou éviter de voir des jeunes laissés sans surveillance après l'école. Des activités périscolaires, en plus de l'aide traditionnelle aux devoirs, sont désormais proposées tous les jours scolaires. Elles sont encadrées par des animatrices ou animateurs disposant d'un diplôme.

Décrypter

- ☐ **périscolaire** 形 課外の、課外活動
- ☐ **servir** 自動 使用される、役に立つ
- ☐ **cours** 男 授業、講義
- ☐ **devoir** 男 課題、宿題、義務
- ☐ **cadre** 男 額縁、枠、範囲　dans le *cadre* de... …の範囲内で
- ☐ **scolaire** 形 学校の
- ☐ **loisir** 男 余暇、レジャー
- ☐ **encadrer** 他動 統率する、指導する
- ☐ **élève** 名 生徒
  - ☐ **écolier / écolière** 名 小学生　☐ **collégien(ne)** 名 中学生
  - ☐ **lycéen(ne)** 名 高校生　☐ **étudiant(e)** 名 大学生
- ☐ **dehors** 男 外、外側　en *dehors* de... …以外、…の他に
- ☐ **pédagogique** 形 教育的な
- ☐ **faute de...** …がないので
- ☐ **expérience** 女 実験、テスト、経験
- ☐ **arrêter** 他動 やめる、中止する　☐ **arrêt** 男 停止、バス停
- ☐ **garderie** 女 託児所
- ☐ **MJC** (=Maison des jeunes et de la culture) 女 青少年文化会館
- ☐ **relier** 他動 結びつける、関係づける
- ☐ **favorisé(e)** 形 恵まれた ⟺ ☐ **défavorisé(e)** 恵まれない
- ☐ **surveillance** 女 監視、見張り
- ☐ **animateur / animatrice** 名 指導者、世話役、指導員
  - ☐ **animer** 他動 推進する、活気づける、にぎわす
- ☐ **disposer** 他動 de ... …を持っている、自由に使える
- ☐ **diplôme** 男 免許

Les activités périscolaires les plus répandues.

le football

le basket

la natation

le volley-ball

le ping-pong

le théâtre

la danse

la musique

la photo

le dessin

l'informatique

les expériences
scientifiques

la vie des
animaux

les jeux de
société

la protection de
l'environnement

課外活動

　小学校から高校までの生徒に、義務教育の時間外にレクリエーションを提供するという考えは新しいものではない。1938 年にジャン・ゼ大臣が土曜日に、遊びではあるが教育的な活動を行なおうとすでに試みた。だがこの試みは資金不足で中止された。長い間、校舎は授業と授業前後の託児施設としてしか使われなかった。子供たちは、スポーツや、演劇、音楽、その他の活動をするためにクラブや「青少年文化会館」、あるいは民間の施設に通っていた。2013 年に週あたりの授業時間数が減り、レクリエーションと学校を結びつけるという考えが再び浮上した。特に恵まれない家庭を援助したり、また学校のあと、子供たちを見守る人のいない状態にしておくことを避けるためである。課外活動、さらには従来の宿題の手伝いが、これからは学校のあるすべての日に提供される。これらの活動は、資格を持った指導員たちによって行なわれる。

S'entrainer

1 Reliez chaque mot à sa définition. 単語をその意味と結びつけましょう。

| ⓐ favorisé(e) | ⓑ ludique | ⓒ pédagogique |
| ⓓ privé | ⓔ traditionnel(le) | |

1. Sous la forme d'un jeu. ( )
2. Qui n'a pas de problèmes d'argent dans la vie. ( )
3. Habituel(e). ( )
4. Qui a une valeur éducative. ( )
5. Qui n'est pas organisé par l'État, la ville, ou la commune. ( )

2 Complétez les phrases suivantes avec les mots du panier des mots. Chaque mot doit être utilisé deux fois (chaque sens est différent). 選択肢から適切な単語を選び、文を完成させましょう。単語は2回ずつ使いますが、それぞれ意味は異なります。

| club | cours | élève | moyens | primaire | temps |

1. Elsa est inscrite au _____ de football féminin.
2. Nathan est _____ en classe de seconde.
3. La météo annonce du mauvais _____ dans l'ouest du pays.
4. En anglais, Marc a des résultats _____.
5. Claude va à l'école _____ de son village.
6. Le bleu est une couleur _____.
7. Les lycéens ont de 25 à 30 heures de _____ par semaine.
8. Il faut avoir beaucoup de _____ pour voyager en 1ère classe.
9. En été, Léo passe toujours une semaine dans un _____ de vacances.
10. Tous les _____ de tennis sont réservés aujourd'hui.
11. Ce fermier _____ des cochons et des moutons.
12. La pluie va durer un certain _____.

Le petit Monsieur

Comprendre Vrai ou faux ? テクストの内容と合っているか考えましょう。 69

1. Philippe était le grand frère de Louis. ( )
2. Louis et Philippe ont été élevés de la même façon. ( )
3. Philippe s'est habillé comme une femme jusqu'à l'âge de 15 ans. ( )
4. Philippe a vécu à Versailles, près de son frère, le roi Louis XIV. ( )
5. Philippe aurait bien voulu être roi, à la place de Louis. ( )

70

Louis XIV, est né en 1638 et son frère cadet, Philippe, deux ans plus tard. Les deux enfants n'ont pas reçu la même éducation : le premier a été élevé comme un futur roi, le deuxième comme… une fille. C'était la décision de leur mère, Anne d'Autriche, qui voulait éviter qu'il puisse, un jour, désirer prendre le pouvoir de son ainé. Ainsi, Philippe a porté des vêtements féminins et des rubans jusqu'à son adolescence. Il n'a jamais montré d'intérêt pour les activités viriles masculines : l'équitation, la chasse et les entrainements au combat. Il aimait la danse, la musique et tous les arts.

Son homosexualité était connue de toute la cour, à Versailles. Mais lui a toujours préféré vivre dans son domaine de Saint-Cloud et au Palais-Royal, à Paris. Il y organisait de grandes fêtes où chacun devait se travestir. Il a reçu le titre de protecteur de Molière et sa troupe théâtrale. Philippe, que l'on appelait enfant « le petit Monsieur » a vécu une vie de liberté, sans jamais vouloir prendre la place de son grand frère.

□ **s'habiller** 代動 服を着る

□ **cadet(te)** 名 弟、妹 ⇔ **ainé(e)** 名

□ **décision** 女 決定、決心 □ **décider** 他動 …を決める

□ **pouvoir** 男 権力、政権 *cf.* **pouvoir** 他動 …できる

□ **ainé(e)** 長男、長女 ⇔ **cadet(te)** 名

□ **féminin(e)** 形 女性の、女性らしい、女らしい ⇔ **masculin(e)**

□ **ruban** 男 リボン

□ **adolescence** 女 思春期（男子 14-20 歳、女子 12-18 歳くらい）
　　□ **adolescent(e)** 名 青少年

□ **intérêt** 男 関心、興味
　　montrer de l'*intérêt* (pour quelque chose)（物事に）関心を示す
　　□ **intéressant(e)** 形 興味のある

□ **viril(e)** 形 男性的な、力強い

□ **masculin(e)** 形 男性の、男性らしい、男らしい ⇔ **féminin(e)**

□ **équitation** 女 乗馬

□ **chasse** 女 狩猟 □ **chasser** 他動 …を狩る 自動 狩りをする
　　□ **chasseur / chasseuse** 名 猟師

□ **entrainement** 男 練習、訓練
　　□ **entrainer** 他動 …を訓練する、…を連れていく
　　□ **s'entrainer** 代動 トレーニングする、練習する

□ **homosexualité** 女 同性愛

□ **se travestir** 代動 変装する、異性に変装する

□ **protecteur / protectrice** 名 庇護者、保護者

□ **troupe** 女 劇団、一行、部隊

□ **théâtral(e)** 形 演劇の、芝居の □ **théâtre** 男 演劇、芝居

□ **prendre la place de** + 人 …にとって代わる、…と交代する

Les personnages du texte

Anne d'Autriche, Louis XIV（à gauche）
et Philippe（à droite）

Molière

小さな紳士

　ルイ14世は1638年に生まれ、その2年後に弟のフィリップが生まれた。2人の子供は同じ教育を受けなかった。1人目は将来の王として育てられたが、2人目は……女の子として育てられたのだった。これは、フィリップがいつしか長男の権力を手に入れようとすることを避けたいと考えた母アンヌ・ドートリッシュの決断であった。こうしてフィリップは、思春期まで女性らしい服を着てリボンをつけていた。乗馬、狩猟、戦闘訓練など、男らしい活動に関心を示したことはなかった。ダンス、音楽、そしてすべての芸術を愛していた。

　フィリップの同性愛は、ヴェルサイユの宮廷中に知られていた。しかし彼は常にサン・クルーの領地やパリのパレ・ロワイヤルで暮らすほうを好んだ。それらの地で大規模なパーティーを何度も開き、参加者は異性に変装することが求められた。彼はまた、モリエールと彼の劇団の正式な庇護者でもあった。子供の頃「小さな紳士」と呼ばれていたフィリップは自由な人生を送り、兄に代わることは決して望まなかった。

S'entrainer

1 Reliez chaque mot à sa définition. 単語をその意味と結びつけましょう。

ⓐ adolescence	ⓑ chasse	ⓒ combat
ⓓ équitation	ⓔ troupe	

1. Période de la vie entre 11 et 17 ans environ.   (   )
2. Action de poursuivre un animal pour le capturer ou le tuer. (   )
3. Art de monter à cheval.   (   )
4. Action par laquelle on attaque ou on se défend.   (   )
5. Groupe de comédiens, acteurs réunis pour jouer en public. (   )

2 Complétez les phrases suivantes avec le mot qui convient. 選択肢から適切な語を選び、文を完成させましょう。

danse	décision	domaine	éducation
fête	entrainement	roi	ruban

1. « Décorons votre chapeau avec un _____ en soie. » propose un chapelier.
2. « Cet enfant a reçu une très bonne _____. » dit son instituteur.
3. « Louis-Philippe 1er a été le dernier _____ en France. » dit un historien.
4. « Mes parents possèdent un grand _____ , en pleine campagne. » dit Frédéric.
5. « Ma _____ préférée, c'est le tango. » dit un Espagnol.
6. « Mon frère a pris la _____ de changer de travail. » dit Martin.
7. « J'organise une petite _____ pour mon anniversaire. » dit Estelle.
8. « L' _____, dans notre club de judo, c'est le lundi soir. » dit un judoka.

Comprendre Vrai ou faux ? テキストの内容と合っているか考えましょう。71

1. Les frères LUMIÈRE sont les inventeurs du cinéma. ( )
2. Leur invention permettait de montrer des images animées. ( )
3. Les frères LUMIÈRE ont eu l'idée de créer des salles de cinéma. ( )
4. Ils voulaient gagner de l'argent avec leur invention. ( )
5. Le cinéma est considéré comme un art. ( )

72

Auguste et Louis LUMIÈRE, deux Lyonnais, seraient, dit-on, les inventeurs du cinéma, à la fin du 19e siècle. Ce n'est pas vrai : Thomas EDISON avait imaginé, avant eux, le kinétoscope, qui montrait des images photographiques animées, mais pour un seul spectateur. C'est en regardant le mouvement d'une machine à coudre que les deux frères auraient eu l'idée d'un appareil, le cinématographe, pouvant enregistrer puis projeter ces images sur un grand écran. Mais ils ont été surtout les créateurs d'un concept : la salle de cinéma. Ils avaient l'esprit commerçant et voulaient faire payer des spectateurs, réunis dans une pièce obscure, pour assister à une séance de cinéma. Ils ont tourné les premiers films, montrant la sortie des ouvriers de leur usine, un forgeron au travail ou des enfants se baignant dans la mer. Ils ont également été les auteurs de la première fiction au cinéma jouée par des acteurs. Depuis, le cinéma est devenu sonore, a pris des couleurs, est passé au numérique et est devenu un art.

- □ **inventeur / inventrice** 名 発明者
- □ **invention** 女 発明 □ **inventer** 他動 …を発明する
- □ **animé(e)** 形 動きのある、活気のある
- □ **considérer** 他動 **A comme B** A を B だと思う
- □ **lyonnais(e)** 形 リヨンの
- □ **kinétoscope** 男 キネトスコープ（エジソンが発明した覗き眼鏡式の活動写真機械）
- □ **spectateur / spectatrice** 名 観客
- □ **mouvement** 男 動き
- □ **machine à coudre** 女 ミシン
- □ **appareil** 男 器具、機械
- □ **cinématographe** 男 シネマトグラフ（リュミエール兄弟が発明した撮影機兼映写機）
- □ **enregistrer** 他動 …を記録する、…を録音・録画する
  - □ **enregistrement** 男 記録
- □ **projeter** 他動 …を投影する、…を計画する
  - □ **projecteur** 男 プロジェクター
- □ **créateur / créatrice** 名 創始者、首唱者
  - □ **création** 女 創造 □ **créer** 他動 …を創造する
- □ **concept** 男 コンセプト、概念
- □ **esprit** 男 精神、気質、才気
- □ **commerçant(e)** 名 商人
  - □ **commerce** 男 商業 □ **commercial(e)** 形 商業の
- □ **réunir** 他動 …を集める
- □ **obscur(e)** 形 暗い □ **obscurité** 女 暗さ
- □ **séance** 女 上映、会議、1 回の時間
- □ **tourner** 他動（映画を）撮影する □ **tournage** 男（映画の）撮影
- □ **ouvrier / ouvrière** 名 労働者
- □ **forgeron** 男 鍛冶職人 □ **forger** 他動 …を鍛造する
- □ **fiction** 女 フィクション、創作
- □ **sonore** 形 音を出す

149

Le cinéma français en chiffres (2019)

– La France compte 2045 salles de cinéma (4e dans le monde).

– La France produit environ 300 films par an (6e dans le monde).

– Le cinéma a un chiffre d'affaires de 1,5 milliard d'euros au box-office (6e dans le monde).

– Le film français ayant eu le plus gros succès en France a pour titre « Bienvenue chez les Ch'tis » réalisé par Dany Boon, en 2008 : plus de 20 millions de spectateurs.

(Sources CNC, Wikipedia, ANC. Certains chiffres ont varié avec la pandémie de 2020 à 2022.)

第 7 の芸術

　2 人のリヨン人、オーギュストとルイのリュミエール（兄弟）は、19世紀の終わりに映画を発明した言われている。しかしこれは正しくない。というのは、彼らより前に、トーマス・エジソンが動画写真画像を見せるキネトスコープをつくっていたからである。ただしこのキネトスコープは観客 1 人用であった。リュミエール兄弟は、ミシンの動きを見て、画像を記録して大画面に投影できる機械、シネマトグラフのアイデアを思いついたらしい。しかし、彼らは何よりも映画館というコンセプトの創案者であった。商業的な精神をもっていた 2 人は、映画を見るために暗い部屋に集まった観客にお金を支払ってもらおうと考えた。彼らが最初に撮影した映像は、工場から退出する労働者、仕事中の鍛冶屋、あるいは海で遊ぶ子供たちだった。彼らはまた、俳優たちによって演じられた最初のフィクション映画の作者でもあった。それ以後、映画はトーキーになり、カラーになり、デジタルを経て、芸術となったのである。

S'entrainer

1 Reliez chaque mot à sa définition. 単語をその意味と結びつけましょう。

ⓐ acteur	ⓑ auteur	ⓒ inventeur
ⓓ forgeron	ⓔ spectateur	

1. Personne qui écrit un roman, un scénario pour un film... (　　)
2. Personne qui joue un rôle au théâtre ou au cinéma. (　　)
3. Personne qui regarde un film, une pièce de théâtre… (　　)
4. Personne qui pense à une idée nouvelle (synonyme : créateur). (　　)
5. Personne qui travaille les métaux. (　　)

2 Complétez les phrases suivantes avec les mots du panier des mots. 選択肢の単語を使って文を完成させましょう。

appareil   concept   écran   esprit   obscure   séance

1. Au cinéma, Paul n'aime pas être trop près de l'＿＿＿＿＿＿＿＿.
2. La première ＿＿＿＿＿＿＿＿, dans ce cinéma, est à 14 h.
3. Cette pièce, au sous-sol est vraiment ＿＿＿＿＿＿＿＿ !
4. Le ＿＿＿＿＿＿＿＿ de ce gâteau, c'est de mettre en valeur les fraises.
5. Les joueurs ont l'＿＿＿＿ joyeux : ils viennent de gagner leur match.
6. Cet ＿＿＿＿＿＿＿＿ photo très ancien n'est, bien sûr, pas numérique.

3 Reliez chaque oeuvre à l'art qu'elle représente. 作品と芸術カテゴリーを結びつけましょう。

1. L'architecture ●　　● ⓐ La pyramide du Louvre (Ieoh Ming Pei)
2. La sculpture ●　　● ⓑ « Les Misérables » (Victor Hugo)
3. La peinture ●　　● ⓒ « Le Penseur » (Auguste Rodin)
4. La littérature ●　　● ⓓ « Impression, soleil levant » (Claude Monet)
5. Le cinéma ●　　● ⓔ « Tintin au Congo » (Hergé)
6. La BD ●　　● ⓕ « Les parapluies de Cherbourg » (Jacques Demy)

Une étoile verte

Comprendre Vrai ou faux ? テクストの内容と合っているか考えましょう。(73)

1. Beaucoup de produits alimentaires sont jetés en France. ( )
2. Le guide MICHELIN est un guide touristique. ( )
3. Cuisiner un produit local, c'est faire de la gastronomie durable. ( )
4. Ce sont les Français qui passent le plus de temps à table. ( )
5. Les Français devraient mieux choisir les restaurants où ils vont. ( )

(74)

Le gaspillage alimentaire est un problème en France... et ailleurs ! Des terres sont cultivées, de l'eau utilisée pour produire des fruits et légumes qui finissent à la poubelle. Des aliments, des plats cuisinés ou des produits laitiers sortent des usines, sont proposés à la vente puis retirés des rayons des supermarchés et jetés parce que leur date de consommation est passée. Ces déchets doivent ensuite être traités, ce qui coute de l'argent. Le guide MICHELIN, connu pour récompenser par des étoiles les meilleurs restaurants, a décidé de promouvoir « la gastronomie durable ». Les chefs reçoivent une « étoile verte » quand ils cuisinent des produits bio de saison dont ils utilisent la totalité, des viandes d'animaux élevés localement, des poissons pêchés dans les alentours... Les Français sont les champions du monde du temps passé à table, soit 2 h et 11 min par jour. Il est important qu'ils fassent désormais très attention à la préparation de leurs repas à la maison et choisissent bien les endroits où ils vont se restaurer !

Décrypter

□ **guide** 男 ガイドブック

□ **cuisiner** 自動 料理する 　他動 料理をする、調理する

□ **durable** 形 持続性のある 　□ **durer** 自動 持続する

□ **gaspillage** 男 浪費、無駄
　□ **gaspiller** 他動 浪費する、無駄に使う

□ **ailleurs** 副 よそで、他の場所で

□ **terre** 女 土地、地面、陸

□ **cultiver** 他動 耕す、栽培する、育てる

□ **légume** 男 野菜

□ **poubelle** 女 ゴミ箱

□ **laitier / laitière** 形 乳製の 　produit *laitier* 乳製品

□ **vente** 女 販売、売却 　□ **vendre** 他動 売る

□ **retirer** 他動 ... de ... …から…を取り去る、引き取る

□ **rayon** 男 売り場、棚

□ **date** 女 日付、日取り

□ **déchet** 男 ごみ、廃棄物

□ **récompenser** 他動 報いる、褒賞を与える
　□ **récompense** 女 報酬、賞

□ **promouvoir** 他動 促進する、奨励する

□ **bio [biologique]** 形 有機の

□ **élevé(e)** 形 育てられた

□ **localement** 副 地方で、局地的に

□ **alentours** 男〔複数で〕周辺、近辺

□ **champion(ne)** 名 チャンピオン、一流選手

Le gaspillage alimentaire en chiffres

– 50 kg de nourriture perdue par personne et par an en France, soit 29 kg à la maison et 21 kg au restaurant ;
– 7 kg sont des aliments non consommés et encore emballés ;
– 25 % des restes de repas ;
– 25 % des fruits et légumes non consommés ;
– 20 % des produits partiellement consommés ;
– 14 % du pain non fini ;
– 5 % de boissons non terminées.

Avec ce que l'Europe jette chaque année à elle seule, on pourrait nourrir 1 milliard de personnes, soit l'intégralité des personnes qui souffrent de malnutrition dans le monde.

(Sources : FAO, ADME, Gouvernement français)

緑色の星

フランスでも、他の地域でも、食品ロスは問題となっている。土地は耕され、水は最後にはごみ箱に捨てられる果物や野菜を生産するために使われている。食品、総菜、乳製品は工場から出荷され、売りに出され、消費期限が過ぎ、スーパーの売り場から回収され、捨てられる。これらのごみは処理され、それにもお金がかかる。優良レストランに星を与えることで有名なミシュランガイドブックが「持続可能な美食」を推進することにした。シェフたちが旬の有機栽培のものを丸ごと料理し、その地域で育てられた肉、近郊で獲られた魚を料理すれば「緑色の星」がもらえる。フランス人がテーブルで過ごす時間は1日2時間11分で、世界チャンピオンである。これからは、家での食事の準備に慎重に気を配り、食事をする場所をきちんと選ぶことが重要である。

S'entrainer

1 Reliez chaque mot à sa définition. 単語をその意味と結びつけましょう。

| ⓐ cultiver | ⓑ jeter | ⓒ promouvoir |
| ⓓ retirer | ⓔ traiter | |

1. Faire de la publicité pour un objet, une action.   (   )
2. Enlever, ôter quelque chose.   (   )
3. Trier avant de jeter ou de réutiliser.   (   )
4. Mettre à la poubelle.   (   )
5. Travailler la terre pour produire des aliments.   (   )

2 Cherchez dans le texte les informations suivantes. テクスト内から該当する語を見つけましょう。

1. Un nom de la famille de « tout »   : .... 女
2. Un verbe de la famille de « restaurant »   : .... 他動
3. Un synonyme du nom « environs »   : .... 男〔複〕
4. Un synonyme du nom « détritus »   : .... 男〔複〕
5. Un synonyme de « partie d'un magasin »   : .... 男
6. Un contraire du nom « achat »   : .... 女
7. Le nom d'un récipient destiné aux détritus : .... 女

3 Reliez chaque catégorie au nom qui convient. カテゴリーにあてはまる語を結びましょう。

1. Une charcuterie   •   • ⓐ le beurre
2. Un fruit   •   • ⓑ l'épinard
3. Un légume   •   • ⓒ le mouton
4. Un plat   •   • ⓓ le pâté de campagne
5. Un poisson   •   • ⓔ le pamplemousse
6. Un produit laitier   •   • ⓕ la quiche
7. Une viande   •   • ⓖ le saumon

Comprendre Vrai ou faux ? テキストの内容と合っているか考えましょう。 🔊75

1. Les parcs d'attractions sont souvent une destination familiale. ( )
2. Les touristes connaissent bien les parcs d'attractions français. ( )
3. Les Amoureux adorent aller au *Puy du fou*. ( )
4. En France, *Astérix* est moins connu que *Tintin*. ( )
5. Dans un parc d'attractions, on peut oublier ses soucis ! ( )

🔊76

Lors d'un « pont » ou de vacances, les parcs d'attractions sont devenus une destination incontournable pour les familles. Ils offrent un dépaysement total. Parents et enfants, quel que soit leur âge, peuvent y passer du bon temps. *Disneyland Paris* est le plus célèbre et le plus visité, mais bien d'autres parcs, moins connus des touristes étrangers, sont très fréquentés. Les passionnés de multimédia vont au *Futuroscope* près de Poitiers. Les amoureux d'Histoire vont voir les spectacles scénarisés et costumés du *Puy du fou* en Vendée. Les fans d'*Astérix*, un personnage de BD tout aussi populaire que *Tintin*, vont retrouver son univers dans le parc du même nom, près de Paris. Les amatrices et amateurs de nature vont découvrir de nombreux végétaux à *Terra Botanica*, vers Angers.

Les décors colorés, la propreté, les activités pleines de sensations fortes, mais aussi la sécurité dans ces parcs, permettent d'oublier la vie anxiogène du quotidien tout en s'amusant et en s'instruisant.

Décrypter

- □ **si + 半過去** 勧誘を示す
- □ **parc d'attractions** 男 遊園地
- □ **destination** 女 目的地、行き先
- □ **familial(e)** 形 家族の
- □ **souci** 男 心配ごと
- □ **pont** 男 橋　**faire le *pont*** 飛び石連休をつないで休む
- □ **dépaysement** 男 気分転換
  - □ **dépayser** 他動 …を日常性から脱出させる
- □ **bien des + 複数名詞** 多くの…
- □ **fréquenter** 他動 …によく行く
- □ **passionné(e)** 名 (de...) に夢中な人、…マニア
- □ **multimédia** 男 マルチメディア
- □ **scénariser** 他動 …をシナリオ化する、脚色する
  - □ **scénario** 男 シナリオ、脚色
- □ **costumer** 他動 …に衣装を着ける
  - □ **costume** 男 衣装
- □ **fan** 名 ファン
- □ **populaire** 形 人気のある、大衆的な、民衆の
- □ **univers** 男 世界、宇宙
- □ **amateur / amatrice** 名 愛好家
- □ **végétal** 男〔複数 végétaux〕植物
- □ **sensation** 女 感覚、〔複数で〕興奮
- □ **coloré(e)** 形 カラフルな、色とりどりの
- □ **sécurité** 女 安心、安全
- □ **anxiogène** 形 不安を引き起こす
- □ **s'instruire** 代動 学ぶ、知識を深める　□ **instruction** 女 教育、教養

TOP 5 des parcs français en nombre de visiteurs (2018)

1. Disneyland Paris : 15 141 000 visiteurs
2. Puy du Fou : 2 301 000 visiteurs
3. Parc Astérix : 2 174 000 visiteurs
4. Futuroscope : 1 850 000 visiteurs
5. Nigloland : 655 000 visiteurs

Disneyland Paris est de loin le premier lieu touristique de la capitale, devant Notre-Dame (13 millions de visiteurs), le Musée du Louvre (10 millions de visiteurs), la Basilique du Sacré-cœur (10,5 millions) et la tour Eiffel (7 millions).

外出しませんか？

　連休あるいは休暇中、遊園地は家族にとってなくてはならない目的地になった。遊園地ではすっかり気分転換でき、両親と子供たちは、年齢に関係なく楽しい時間を過ごすことができる。「ディズニーランド・パリ」は最も有名で最も訪問者が多い。しかし外国人観光客にはあまり知られていないが、ほかの多くの遊園地もとても人気がある。マルチメディアに夢中の人は、ポワティエ近郊の「フュテュロスコープ」に行く。歴史愛好家は、衣装を身につけ脚色されたスペクタクルを見るために、ヴァンデの「ピュイ・デュ・フー」に行く。タンタンと同じくらい人気の高いBDの登場人物アステリクスのファンは、パリ近郊にある同名のテーマパークでその世界を味わうことができる。自然愛好家は、多くの種類の植物を鑑賞するためにアンジェ近くの「テラボタニカ」に行く。

　カラフルな装飾、清潔さ、スリル満点のアクティビティ、そしてこれらのテーマパークの安全性により、楽しみながら学びながら、日常生活の不安を忘れることができる。

1 Reliez chaque mot à sa définition. 単語をその意味と結びつけましょう。

> ⓐ dépaysement　　ⓑ fan　　　　ⓒ sécurité
> ⓓ sensation　　　ⓔ végétal

1. Admiratrice ou admirateur d'une personne ou d'une chose. (　)
2. Changement d'habitudes.　　　　　　　　　　　　　　　(　)
3. Être vivant se nourrissant d'éléments trouvés dans le sol. (　)
4. Qui permet de ne pas craindre le danger.　　　　　　　(　)
5. Sentiment, émotion, ressenti physique.　　　　　　　　(　)

2 Cochez lorsque le mot souligné a le même sens que dans le texte. 下線部の語がテクスト内と同じ意味で使われている文を選びましょう。

1. ☐ Le Pont neuf est le plus vieux pont de Paris.
2. ☐ Aurélie et Brice sont amoureux : ils pensent se marier.
3. ☐ Aujourd'hui, très beau temps sur toute la France !
4. ☐ Pierre est un grand amateur de bières.
5. ☐ Pierre fait son jogging quotidien tous les matins.
6. ☐ On célèbre Noël le 25 décembre.
7. ☐ Isabelle adore raconter des histoires drôles.
8. ☐ Ce jeune auteur a un univers qui est très original.
9. ☐ Julie est un peu forte : elle pèse 64 kg pour 1, 60 m.

3 Reliez chaque catégorie au nom qui convient. カテゴリーにあてはまる語を結びましょう。

1. Un outil multimédia　　•　　•ⓐ un fichier vidéo numérique.
2. Une science　　　　　•　　•ⓑ une pièce de théâtre.
3. Un spectacle　　　　　•　　•ⓒ Tintin
4. Une personnage　　　　•　　•ⓓ le sapin.
5. Un végétal　　　　　　•　　•ⓔ l'informatique.

Comprendre Vrai ou faux ? テキストの内容と合っているか考えましょう。 (77)

1. Les travailleurs invisibles font un travail non public.　　　　(　)
2. En 2020, les Français ont applaudi ces travailleurs invisibles.　(　)
3. Les travailleurs invisibles font un travail reconnu.　　　　(　)
4. Les travailleurs invisibles sont souvent mal payés.　　　　(　)
5. Chacun d'entre nous devrait ignorer ces travailleurs invisibles.　(　)

(78)

Les travailleurs invisibles sont ces personnes qui permettent à notre société et à nos entreprises de fonctionner. Si, pendant la pandémie de 2020, les Français ont applaudi chaque soir, depuis leurs balcons, tout le personnel médical, ils ont oublié de remercier d'autres professions tout aussi indispensables : caissiers, caissières, livreurs, caristes, vigiles, agents d'entretien, éboueurs… Ils représentent plus de 13 millions de personnes en France. Leur travail est peu valorisant et ils n'ont guère de possibilités de promotion sociale. Leurs conditions de vie sont souvent peu favorables : temps de transport très longs, avec pour conséquence un manque de sommeil. Ils perçoivent un salaire qui leur assure tout juste les besoins de leur famille et connaissent mal leurs droits. C'est un devoir, pour la société française, d'améliorer leur pouvoir d'achat, de leur offrir une reconnaissance sociale et des perspectives professionnelles. Chacun d'entre nous doit surtout recréer, lorsque nous les croisons, du lien social avec eux par un sourire et un grand merci.

- [ ] **invisible** 形 目に見えない、姿を見せない
  - ⟺ [ ] **visible** 形 目に見える、目立つ
- [ ] **applaudir** 自動 拍手喝采する
  - [ ] **applaudissement** 男 拍手喝采
- [ ] **ignorer** 他動 …に無関心でいる
- [ ] **balcon** 男 バルコニー
- [ ] **personnel** 男 スタッフ、職員
- [ ] **médical(e)** 形 医療の
- [ ] **profession** 女 職業
- [ ] **caissier / caissière** 名 レジ係、会計係
- [ ] **livreur / livreuse** 名 商品配達人　[ ] **livrer** 他動 …を配達する
- [ ] **cariste** 名 （フォークリフトなどの産業車両の）運転手
- [ ] **vigile** 男 （官公庁、工場などの）警備員
- [ ] **agent** 男 職員、係員
- [ ] **entretien** 男 保守、メンテナンス、対談
- [ ] **éboueur / éboueuse** 男 ごみの収集員、道路清掃人
- [ ] **valorisant(e)** 形 価値・評価を高める
  - [ ] **valoriser** 他動 …を高める
- [ ] **possibilité** 女 機会、可能性　[ ] **possible** 形 可能な
- [ ] **favorable** 形 有利な、好意的な
  - [ ] **favoriser** 他動 …を優遇する
- [ ] **conséquence** 女 結果
- [ ] **percevoir** 他動 …を受領する、…を感じ取る、…を察知する
- [ ] **salaire** 男 給与
- [ ] **assurer** 他動 保障する、保証する
- [ ] **améliorer** 他動 改善する、改良する
- [ ] **reconnaissance** 女 感謝
- [ ] **perspective** 女 予想、見通し、見地
- [ ] **recréer** 他動 …を再び作り出す
- [ ] **sourire** 男 笑顔

Deux types de travailleurs invisibles

les nouveaux ouvriers :
– 53% sont des hommes ;
– 62% ont un niveau inférieur ou égal au baccalauréat ;
– 100% ont connu le chômage pendant la pandémie de 2020.

les personnes isolées ou fragilisées :
– 60% sont des femmes ;
– 62% ont un niveau inférieur ou égal au baccalauréat ;.
– 65% ont moins de 49 ans.

livreur/livreuse
serveur/serveuse
caissier/caissière
cariste
...

infirmier/infirmière
aide à domicile
vendeur/vendeuse
employé(e) de bureau
...

姿が見えない労働者

　姿が見えない労働者とは、私たちの社会や企業を機能させてくれる人々のことである。2020年のパンデミックの期間、フランス人は毎晩自宅のバルコニーから、すべての医療従事者に拍手を送った。しかし、同様に必要不可欠なそのほかの職業に感謝することは忘れていた。レジ係、宅配業者、産業車両の運転手、警備員、メンテナンス作業員、ゴミ収集人……。彼らはフランスに1300万人以上いる。彼らの仕事は評価されにくく、社会的地位の向上の機会はほとんどない。通勤に長時間かかり、その結果睡眠不足となるなど、生活条件は優遇されていないことが多い。家族が生活するのにギリギリの給与しかもらっておらず、概して自分たちの権利についてよく知らない。彼らの購買力を向上させ、社会的に評価し、職業的展望を与えることは、フランス社会にとっての課題である。何よりも、私たちひとりひとりが、彼らとすれ違ったときに、笑顔、感謝の念を通して、彼らとの社会的絆を再構築しなければならない。

S'entrainer

1 Reliez chaque mot à sa définition. 単語をその意味と結びつけましょう。

| ⓐ améliorer | ⓑ applaudir | ⓒ croiser |
| ⓓ percevoir | ⓔ remercier | |

1. Passer à côté, en allant dans la direction opposée.　　( )
2. Dire merci.　　( )
3. Approuver en battant des mains.　　( )
4. Rendre meilleur, faire mieux.　　( )
5. Recevoir de l'argent.　　( )

2 Complétez chaque phrase avec le mot qui convient parmi les deux proposés. 適切な語を選びましょう。

1. « Les [conditions / relations] de travail dans cette mine sont dangereuses ! » dit un mineur.

2. « Les [perspectives / reconnaissances] de promotion n'existent pas là où je travaille ! » dit une employée.

3. « Les [promotions / droits] des travailleurs doivent être respectés ! » dit un syndicaliste.

4. « Notre patron a trop de [devoirs / pouvoirs] ! » dit une ouvrière en grève.

5. « La [entreprise / société] française a beaucoup évolué au XXᵉ siècle ! » dit une historienne.

3 Reliez chaque personne à ce qu'elle fait. 適切に結びつけましょう。

1. Un agent d'entretien　●　　●ⓐ fait le ménage dans un bâtiment
2. Un cariste　●　　●ⓑ ramasse les poubelles.
3. Un éboueur　●　　●ⓒ soigne les personnes malades.
4. Un médecin　●　　●ⓓ surveille des bâtiments.
5. Un vigile　●　　●ⓔ transporte des marchandises.

Comprendre Vrai ou faux ? テキストの内容と合っているか考えましょう。 79

1. Nicolas STOHRER et Pierre HERMÉ sont contemporains. ( )
2. Nicolas STOHRER a imaginé la recette de l'*alibaba*. ( )
3. Nicolas STOHRER a créé *le puits d'amour* pour ses maitresses. ( )
4. Pour Pierre HERMÉ, un gâteau doit être beau. ( )
5. Pour Pierre HERMÉ, le salé apporte du plaisir. ( )

80

Nicolas STOHRER est un pâtissier qui a marqué son époque. Il ouvre la première pâtisserie à Paris, en 1730, magasin qui se trouve d'ailleurs toujours rue Montorgueil. Auparavant, il pâtissait à Versailles pour le roi Louis XV et avait créé deux gâteaux : l'*alibaba*, un gâteau sec trempé dans du vin de Malaga, qui deviendra plus tard le *baba au rhum*, et le *puits d'amour*, à l'origine une pâte feuilletée fourrée avec une crème à la vanille, que le roi aimait offrir à ses maitresses. Quand le sucre est importé pour la première fois en France au 18e siècle, Nicolas STOHRER imagine alors de nouvelles recettes et sa boutique rencontre un grand succès.

Pierre HERMÉ, star de la pâtisserie moderne, revisite les gâteaux classiques avec esthétisme, en les rendant plus légers tout en conservant leurs gouts d'origine. Il explore de nouvelles saveurs dans ses créations : elles portent sa signature et sont présentées comme des collections de mode. Il aime dire que « le salé nourrit, le sucré réjouit. ». Nicolas STOHRER aurait été entièrement d'accord avec lui.

- □ **pâtisser** 自動 菓子を作る □ **pâtisserie** 女 菓子店、ケーキ店
  - □ **pâtissier / pâtissière** 名 菓子職人、パティシエ
- □ **contemporain(e)** 男 同時代の、現代の
- □ **salé** 男 塩で味つけした食べ物
- □ **marquer** 他動 痕跡を残す、印をつける、メモする
- □ **sec / sèche** 形 乾いた、水気のない
- □ **trempé(e)** 形 浸した、漬けた
- □ **baba** 男 ババ（ラム酒入りシロップに浸したレーズン入り菓子）
- □ **rhum** 男 ラム酒
- □ **puits** 男 井戸
- □ **pâte** 女 小麦粉に牛乳などを練り合わせた生地
- □ **feuilleté(e)** 形 薄片からなる、薄層状の pâte *feuilletée* 折込式パイ生地
- □ **fourré(e)** 形 …が詰まった、…入りの
- □ **vanille** 女 バニラ
- □ **importer** 他動 …を輸入する
  - ⇔□ **exporter** 他動 …を輸出する
- □ **moderne** 形 現代の、最新の
- □ **revisiter** 他動 見直す、再訪する
- □ **esthétisme** 男 美学
- □ **léger / légère** 形 軽い
- □ **conserver** 他動 保存する、保つ
- □ **explorer** 他動 研究する、探求する、探検する、調べる
- □ **création** 女 創作、創造
- □ **présenter** 他動 発表する、紹介する、展示する
- □ **collection** 女 コレクション、（ファッションの）新作コレクション
- □ **nourrir** 他動 栄養を与える、養う
- □ **réjouir** 他動 喜ばす、楽しませる
- □ **entièrement** 副 完全に、すっかり

Les desserts préférés des Français(e)s :

1. Le fondant au chocolat
2. Les crêpes
3. La mousse au chocolat
4. L'ile flottante
5. La tarte aux pommes
6. Le tiramisu
7. La crème brulée
8. Les profiteroles
9. La tarte aux fraises
10. La tarte au citron meringuée

お菓子づくり、はじめ！

　ニコラ・ストレールは時代に名を残した菓子職人だ。彼は 1730 年、パリに初の菓子店を開いた。ちなみにそのお店は今でもモントルグイユ通りにある。店を開くまではルイ 15 世のためにヴェルサイユでお菓子を作り、2 つのお菓子を創作した。「アリババ」はビスケットをマラガのワインに付け込んだもので、のちに「ババ・オ・ラム」になる。そして「ピュイ・ダムール（愛の泉）」は、もともとはバニラ風味のクリームが詰まったパイで、王が好んで彼の愛人たちに贈っていた。18 世紀、砂糖が初めてフランスに輸入されたとき、ニコラ・ストレールは新しいレシピを考え、彼の店は大繁盛した。

　現代のお菓子界のスターであるピエール・エルメは、伝統的なお菓子を本来の味を残しながらより軽いものにし、美しさを加え刷新した。創作の中で新しい風味を追求し、お菓子には彼のマークがつけられ、ファッション界のコレクションのように発表される。彼は「おかず（塩味）は栄養を与え、スイーツ（甘味）は楽しませてくれる」と好んで言っている。ニコラ・ストレールはエルメに完全に同意しただろう。

S'entrainer

1 Reliez chaque mot à sa définition. 単語をその意味と結びつけましょう。

| ⓐ conserver | ⓑ explorer | ⓒ importer | ⓓ nourrir |
| ⓔ offrir | ⓕ pâtisser | ⓖ réjouir | ⓗ revisiter |

1. apporter ce qui est nécessaire pour vivre   (   )
2. donner du plaisir   (   )
3. donner en cadeau   (   )
4. faire des gâteaux   (   )
5. faire entrer dans son pays   (   )
6. ne rien changer   (   )
7. rechercher   (   )
8. transformer pour moderniser   (   )

2 Trouvez, dans le texte, les mots suivants, qui font partie du vocabulaire de la pâtisserie. テクスト内から説明に合う菓子用語を見つけましょう。

1. Préparation à base d'œufs, de lait et de sucre : ....
2. Friandise faite de sucre cuit, travaillé et aromatisé : ....
3. Eau-de-vie originaire des Amériques : ....
4. Qui se digère bien : ....
5. Arôme naturel utilisé en pâtisserie et en confiserie : ....
6. Explication détaillée de la façon de préparer un mets : ....
7. Préparation à base de farine et d'autres éléments : ....
8. Impression produite sur les sens du gout et de l'odorat : ....
9. Pâtisserie faite d'une pâte et d'autres éléments : ....
10. Magasin où on vend des gâteaux : ....
11. Produit alimentaire cristallisé, blanc ou roux : ....

Comprendre, Pour en savoir plus !, S'entrainer の解答・訳

A2-01

Comprendre (p.8)

1. faux フランスでは誰かに会ったとき、挨拶のキスをしなければならない。 2. faux 知らない人に bonjour と言ってはいけない。 3. vrai よく知っている人に挨拶のキスをする。 4. vrai 暮らしている地方によってキスの回数は変わる。 5. faux フランスで挨拶のキスをすることは新しい習慣だ。

Pour en savoir plus ! (p.10)

「キスをし合う?」/ この図はとてもわかりやすそうだ。しかし注意が必要である。フランス人がたとえば旅行や引っ越しで違う地方に行くと、出会った人とのキスの回数で驚くことがある。ときには愉快な状況になったりする!

S'entrainer (p.11)

1 1. ⓔ 国の一部 2. ⓑ 一緒に働いている人 3. ⓒ 世界のいくつもの地域で発生する病気やウィルス 4. ⓐ 朝の挨拶 5. ⓓ 歩くために使う体の部分

2 1. ⓑ 2. ⓓ 3. ⓐ 4. ⓒ 5. ⓔ

3 1. mai「5月1日、フランスでは人々は働かない」 2. non「私たちと一緒に来る? それとも来ない?」 3. pars「いつ君は日本に出発するの?」 4. où「あなたはどこに行きますか?」 5. en「ジュリは歌いながら料理をするのが好きだ」 6. faut「ここでタバコを吸ってはいけません! 禁止されています」 7. long「この映画は本当に長過ぎる!」 8. Claire「彼女の名前はクレールです。私の友人です」

A2-02

Comprendre (p.12)

1. vrai カルネは10枚綴りの地下鉄の切符のことである。 2. faux 厚紙の切符は2000年以降もはや存在しない。 3. vrai Pass Easy は何度でも使える。 4. faux Pass Easy は初めて買う際は10ユーロである。 5. faux Pass Easy は地下鉄でしか使えない。

Pour en savoir plus ! (p.14)

「Pass Easy を1枚、お願いします」/ tickets t+ の回数券を Pass Easy にチャージできる。 1カルネ＝10枚の切符。スマホで Bonjour RATP というアプリを使うこともできる。パリに長く滞在する場合には Pass Navigo Liberté+ を使うほうがより実用的である。運賃は銀行口座から引き落とされる。

S'entrainer (p.15)

1 1. ⓓ 9番目の月 2. ⓑ 欧州連合の19ヶ国の通貨 3. ⓐ 何かを売っている場所 4. ⓔ 旅行者が地下鉄に乗る場所 5. ⓒ 旅行者が列車に乗る場所

2 1. station「次の駅で地下鉄を乗り換える」 2. carnet「切手をひと綴りお願いします」 3. cher「運転免許をとるにはお金がかかる」 4. certain「君は DELF A2 にきっと受かると思う」 5. station「次のガソリンスタンドでガソリンを入れよう」 6. cher「ピエールは大切な友人だ」 7. certains「私のクラスには外国人の生徒が何人かいる」 8. capitales「RER は大文字で書かれる」 9. carton「審判はプレーヤーにレッドカードを与えた」 10.capitale「キャンベラはオー

ストラリアの首都である」11. carnet「ジュリは手帳に詩を書く」12. carton「ジェードは自分の帽子を紙製の箱の中に入れる」

A2-03

1. faux 単純過去はとてもよく使われている活用時制である。2. vrai 単純過去は過去の行為を話すことができる。3. vrai 単純過去は複合過去と同じ意味がある。4. vrai 単純過去は童話の中でよく見られる時制である。5. faux 今日の作家はもはや単純過去を使わない。

Pour en savoir plus ! (p.18)

「単純過去」/ フランスの生徒たちは、単純過去の３人称の単数（il, elle, iel）と複数（ils, elles, iels）を小学校４年生から学び、他の人称についてはもっと遅く中学や高校で学ぶが、よく使われる動詞のみである。nous や vous の活用は、言うのも書くのも覚えるのがたいへんである。これらは今後使われなくなる。

S'entrainer (p.19)

1 1. ⓐ 2. ⓓ 3. ⓑ 4. ⓔ 5. ⓒ

2 1. Hier, Gina s'est réveillée à sept heures et elle a pris une douche.「きのうジーナは７時に起き、シャワーを浴びた」2. Nous avons eu très faim, alors nous sommes allé(e)s acheter un kebab.「私たちはとてもお腹がすいたので、ケバブを買いに行った」
3. Mes amis m'ont préparé une surprise. J'ai été content.「友人たちがサプライズを準備してくれた。とても嬉しかった」4. Tu as appris le russe à la fac ? – Moi, j'ai étudié le chinois.「君は大学でロシア語を学んだのかい？」「僕は中国語を勉強した」5. Alicia a acheté un maillot de bain et est partie pour la plage.「アリシアは水着を買い、海岸へ出かけた」
6. Alex a cassé un vase. Maman l'a puni.「アレックスが花瓶を壊した。ママが彼をお仕置きした」7. Quand la pluie s'est arrêtée, nous sommes sorti(e)s.「雨がやんだので、私たちは出かけた」

A2-04

Comprendre (p.20)

1. vrai コルシカ島の自然はとても美しい。2. faux コルシカ島は夏はとても暑いが、雨がよく降る。3. faux （コルシカ島の）多声の歌はギターで伴奏される。4. faux コルシカ語は学校で必修である。5. vrai ナポレオンは 1789 年のフランス革命の前に生まれた。

S'entrainer (p.23)

1 1. ⓓ 海辺の砂や砂利が広がっているところ。2. ⓑ 幸福な気持ち。3. ⓒ 幸福な場所。4. ⓔ 地方特有の製品。5. ⓐ色。

2 1. personnage：うずまきナルトはとても有名な漫画の人物です。2. sable：沖縄には星の砂の素晴らしい海岸がある。3. tristesse：私の猫が死んだとき、とても悲しかった。4. ile：台湾は島です。5. climat：私たちの惑星では気候は温暖化しつつある。6. chant：夏、プロヴァンス地方ではセミの鳴き声が聞こえる。

3 1. ⓓ 2. ⓐ 3. ⓑ 4. ⓔ 5. ⓒ

A2-05

Comprendre (p.24)

1. vrai フランスでは成人年齢は 18 歳である。2. faux アルドは未成年だったとき、一度もお酒を飲まなかった。3. faux アルドは 18 歳になったので早く結婚したいと思っている。4. vrai アルドにとって投票権はとても大切である。5. faux アルドは政治には全く関心がない。

Pour en savoir plus ! (p.26)

「フランス議会」/ 議会は二院制である / 国民議会（577 名の代議士）：建物は「ブルボン宮殿」と呼ばれ、パリのコンコルド広場の近くにある。/ 元老院（348 名の元老院議員）：リュクサンブール宮殿はパリのリュクサンブール公園の中にある。/ 1962 年以来、議会の権限は国家の主席（大統領）と共有されている。

S'entrainer (p.27)

1 1. ⓐ 権利と義務を有するある国の一員。2. ⓔ ５年の期間。3. ⓓ エンジンのついた乗り物を使うことを許可する書類。4. ⓒ 国民間あるいは民族間での協和・調和の状態。5. ⓑ 投票によって示される選択。

2 1. 答 ⓑ：ⓐ「このブドウはまだ熟していない」ⓑ「息子は年の割に成熟している」2. 答 ⓐ：ⓐ「日本では 18 歳が成人である」ⓑ「インターネットは大きな変革をもたらした」3. 答 ⓐ：ⓐ「ナオミは秋に DELF A2 を受けたいと思っている」ⓑ「ヴァランスに行くにはリヨンを通らねばならない」4. 答 ⓐ：ⓐ「大統領の役割はフランスを統括することである」ⓑ「この映画でおばあさん役を演じているのが誰か知ってる？」5. 答 ⓐ：ⓐ「この政治家の言っていることは全く意味がない」ⓑ「私の家の前の道路は一方通行だ」

3 1. ⓓ　2. ⓒ　3. ⓑ　4. ⓐ

A2-06

Comprendre (p.28)

1. vrai 朝、セリアはジュリアンの世話をする時間がない。2. vrai ベビーシッターのコレさんのところにジュリアンを連れて行くのはファビアンである。3. faux 村には保育園があるが、ジュリアンはそこに通うことができない。4. vrai nounou という言葉は nourrice からきている。5. vrai 働いてる親たちにとって、ベビーシッターの制度はとても助かる。

Pour en savoir plus ! (p.30)

「子供を預ける」/ 2020 年には 74 万人の赤ちゃんがフランスで生まれた。この数は人口を維持するためには少し下回っている。しかし、ヨーロッパでは最も多い数のひとつだ。家族が子供を預ける解決策はいくつもある。／保育園（6 か月からの赤ちゃん）、プリスクール（2 歳から 6 歳）、幼稚園（3 歳から）、ベビーシッター、自宅保育。

S'entrainer (p.31)

1 1. ⓓ 病人を手当てする施設。2. ⓑ 仕事のための実習期間。3. ⓔ 日中の短い睡眠。4. ⓒ 健康管理のプロ。5. ⓐ 市場（マルシェ）が立つことが多い、大きな村や小さな町。

2 1. continuer　2. se lève　3. autrefois　4. maximum　5. emmène　6. tôt

3 1. 答 ⓑ：ⓐ「その書類を私のデスクに置いておいて。あとで見ます」ⓑ「パスポートは 3 階（日本式では 4 階）の 32 号室に行ってください」2. 答 ⓑ：ⓐ「クリスマスには樅の木の下にキリスト生誕の飾りつけをしましょう」ⓑ「近所の保育園は 20 時に閉まります」3. 答 ⓐ：

ⓐ「ファビアンは自分の会社でより給料のよい部署を探している」ⓑ「もし郵便局に行くなら、10 枚綴りの切手を買っておいて」4. 答 ⓐ：ⓐ「ファビアンの自動車は古いルノー 5 だ」ⓑ「私たちは TGV の 8 号車にいます」5. 答 ⓐ：ⓐ「毎日ネコに餌をやるのはファビアンです」ⓑ「読書は子供の想像力を豊かにする」

A2-07

Comprendre (p.32)

1. vrai　iel と iels は新しい人称代名詞である。2. faux　iel は男性を受ける。3. vrai　iel を使う際は包括的な書き方にしなければならない。4. faux　iel は職業を言う際に実用的である。5. vrai フランス社会はフランス語より早く変化する。

Pour en savoir plus ! (p.34)

「包括的な書き方の規則」/ 1. 単語はアルファベット順で書く。2. 中黒あるいは丸括弧は単語の性と数を表す。3. 男性あるいは女性を表すときに大文字は不要である。

S'entrainer (p.35)

1 1. ⓑ 品物、動物、人、考えなどを示す語。2. ⓒ 意味をなすように並べられた語の全体。3. ⓐ 名詞を明確化するために伴う語。4. ⓔ 行為、状態を表す語。活用する。5. ⓓ 名詞を代替する語。
2 1. ⓐ oral　フランス語では話す際にリエゾンする。ⓑ écrit　レアは書くことが得意ではない。綴りを間違える。2. ⓐ féminin　avocat は女性の場合 e をつける。ⓑ masculin　私の甥は見かけがとても男性的だ。筋肉がたくましくスポーツマンである。3. ⓐ singulier　形容詞の gros は常に s がつく。単数形であっても。ⓑ pluriel　yeux は œil の複数形である。4. ⓐ dire　アリーヌに会ったとき、何と言えばいいかわからなかった。ⓑ écrire　ノートに過去形の文を 5 つ書きなさい。5. ⓐ une solution　地下鉄の最終便が出てしまった。帰るためには方法を見つけなければならない。ⓑ un problème　鍵が見つからない。問題だ。

A2-08

Comprendre (p.36)

1. vrai 歩いているときに、虹を見るのはよい兆候である。2. faux 左足で犬の糞を踏むことは幸運をもたらさない。3. faux この衣装係は演劇の世界について知識がある。4. faux 緑色は演劇の人々に好まれている色だ。5. faux 猫とすれ違うことは悪い兆候だ。

Pour en savoir plus ! (p.38)

「その他の知られている、またはあまり知られていない迷信」/ 幸運をもたらすもの：願いごとをしながら木に触る。家の入口のドアの上に蹄鉄をかける。夜に家の中で蜘蛛を見る（soir は espoir と韻を踏んでいる）。パジャマを右足からはく（良い夜が過ごせる）。/ 不運をもたらすもの：家の中で傘を広げる。梯子の下を通る。朝に家の中で蜘蛛を見る (matin は chagrin と韻を踏んでいる)。テーブルの上で 2 本のナイフを交差させる。

S'entrainer (p.39)

1 1. ⓓ 観客にとても好評な結果。2. ⓔ 通りの端の歩行者用の場所。3. ⓐ 体に黒い斑点のある小さな虫。4. ⓒ 劇、コンサート、映画など。5. ⓑ 人生をかたちづくる一連のできごと。
2 1. refusé　2. le malheur　3. gauche　4. la chance　5. formidable　6. certain　7. ravi　8. neufs
3 1. dû レオは電車に乗るために走らなければならなかった。2. selle 馬の鞍は革製である。3. sait 彼は感情を込めて演じることができる俳優だ。4. vers この詩は韻文で書かれている。

5. faux 音程がはずれているということは、歌が下手ということだ。

A2-09

Comprendre (p.40)

1. vrai サントロペは観光地である。2. faux 常長はフランスの王に会うために来ていた。
3. vrai 彼（常長）の船は天候のせいでサントロペに停泊した。4. vrai 常長は出会った貴族たちをとても驚かせた。5. faux サントロペでは毎夏、常長の寄港が祝われている。

Pour en savoir plus ! (p.42)

サントロペはニースから 90 キロ、マルセイユから 130 キロのところにある。コート・ダジュールは地中海に面し、カシ［カシス］からマントンにかけての地域である。

S'entrainer (p.43)

1 1. ⓑ 鼻をかむのに使う布や紙。2. ⓓ 船が到着したり出発する場所。3. ⓒ ローマカトリック教会の長。4. ⓐ 水上で利用する交通手段。5. ⓔ 新しい場所を発見するために旅する人

2 1. seule 父は生涯で一度しか外国に行かなかった。2. escale 我々の飛行機は東京に行く前にソウルを経由する。3. soie このシルクのネクタイは素敵だがちょっと高い。4. reçu 昨晩、隣人を家に招いた。5. village この村には駅も郵便局もない。

3 1. première 2. apprécié 3. inconnus 4. bien 5. locale 6. peu (de) 7. allait (à)
8. à cause (du)

A2-10

Comprendre (p.44)

1. vrai マソン一家の望み通りの小さな農家はノルマンディ地方にある。2. faux マソン一家はパリ郊外の生活が好きだった。3. faux マソン一家は郊外で小さな家に住んでいた。4. vrai マソン家の子供たちは新しい生活をポジティブにとらえている。5. faux マソン一家が住んでいる村にはスーパーがある。

Pour en savoir plus ! (p.46)

「フランス人の住居」/ 一戸建て、団地、分譲地、団地群、農家、マンション / une HLM は habitation à loyer modéré「低家賃（公団）住宅」のこと。HLM の 3 文字は略語と見なされているので、「私は un HLM に住んでいる」と（女性名詞であるにもかかわらず、男性名詞の不定冠詞をつけて）言うのをよく耳にする / lotissement は、村の中にある新しい家々の集まり / cité はいくつもの HLM の集まり / 日本語の「アパート」とフランス語の appartement を混同しないよう気をつけましょう。

S'entrainer (p.47)

1 1. ⓔ 水が溜まっている所。2. ⓓ 庭でフルーツや野菜を育てる技法。3. ⓒ 死後に譲渡された財産（建物、お金など）。4. ⓑ 泳いだり、飛び跳ねたりできる小さな生き物。5. ⓐ 都会を取り囲む地方自治体や村。

2 1. élève 私の姪は小学校 1 年生だ。2. touche 私のパソコンの改行キーが作動しなくなった。3. bureau 登録は 312 号室に行ってください。4. journal 父はいつも『レキップ』」紙を読んでいる。彼のお気に入りの新聞だ。5. donne 我が家の居間の窓はエッフェル塔に面している。6. journal 夜は家族全員フランス 2 の 20 時のニュースを見る。7. élève この農家は豚や羊を育てている。8. donne マソン氏は息子に 10 ユーロを小遣いとして渡している。

9. école 日本では学校教育は何歳までが義務ですか？ 10. bureau この樫の木の机はとてもきれいだ。これを買おう。 11. école この学校にはプールがない。 12. touche マソン氏の月給は2560 ユーロだ。

A2-11

Comprendre (p.48)

1. faux 断食をする際はゆっくり食べなくてはならない。 2. vrai 昼食は夕方までもちこたえるエネルギーをもたらす。 3. vrai souper あるいは diner は夜の食事を指す。 4. faux 夜食は必ずスープから始めねばならない。 5.vrai 観劇のあとの夜食は今も続く伝統である。

Pour en savoir plus ! (p.50)

「食事の名称はフランス語圏で同じではない」/ オクシタニー、フランス東部、オー・ド・フランスなどの地域などのいくつかの地域において使われる。しかし全ての家庭においてではない。若者は普通の言い方を好む。それぞれの食事は動詞に対応する。déjeuner, dîner, souper, しかし朝食は prendre le petit déjeuner（朝食をとる）と言う。

S'entrainer (p.51)

1 1. ⓓ 定期的な時間にとる食べ物。 2. ⓔ 公開されている芸術的なイベント。 3. ⓒ 夜外出するのが好きな人。 4. ⓐ 食べる。 5. ⓑ やっていることをやめる。

2 1. haut 「今日はエッフェル塔の上で夕食をとりましょう！」 2. cour 「給食のあと、子供たちは学校の中庭で遊ぶ」 3. faim 「昼、何も食べなかった。本当にお腹がすいた」 4. cette 「私はこのオニオンスープが大好きだ！」 5. prix 「メニューの値段を見たかい？ 僕には高すぎるよ」 6. vœu 「私の願いはいつか星のついているレストランで食事をすることだ」 7. voire 「1日、さらに 2 日あるいは 3 日は食べずにいられる」 8. puits 「私たちの井戸の水はいつも冷たい」 9. plu 「このダンスショーはとても気に入った」 10. trait 「農夫はミルクを得るために雌牛の乳を搾る」 11. peux 「タマネギを切ってくれる？」 12. tous 「私たちはみんなで毎日 19 時に夕食をとる」

A2-12

Comprendre (p.52)

1. faux フラングレはひとつの言語である。 2. faux 誰もがフラングレを話す。 3. faux 英語は常に容易にフランス語に訳すことができる。 4. vrai ソーシャルネットワークは英語を使うことを促進する。 5. vrai フランス語において使われる英語の数は増えている。

Pour en savoir plus ! (p.54)

「フラングレのミニ辞典」/ faire un break : 休憩する　faire un check-up : 健康診断を受ける　acheter en duty-free : 免税で買う　faire du business : ビジネスをする　avoir des followers sur Twitter : ツイッターのフォロワーをもつ　envoyer un mail : メールを送る　être speed : 急いでいる

S'entrainer (p.55)

1 1. 答ⓐ : ⓐこれらの服はもう流行っていない。ⓑこの動詞は接続法である。 2. 答ⓐ : ⓐジェロームは 3 つの言語を話す。彼はトリリンガルだ。ⓑ 「舌を出しちゃダメ」と、母親が息子に言う。 3. 答ⓑ : ⓐ今、ピエールは悲しい。暗い気持ちになっている。ⓑグーグルを思いついたのはラリー・ページとセルゲイ・ブリンだ。 4. 答ⓑ : ⓐ 「聞いて、森の中にフクロウが

いるわ」とレアがトマに言う。ⓑ「きみの新しいスマホ、それいいね」とレアがトマに言う。
5. 答ⓐ：ⓐ「マンガ」という言葉はもともと日本語だ。ⓑ ジュリアンはお母さんにひとこと
書いて台所のテーブルに置いておいた。6. 答ⓐ：ⓐアルベールはスイス人だ。母国語はフラ
ンス語である。ⓑエクトル・ベルリオーズは 19 世紀のフランスの音楽家だ。

2 1. réagir「きみは一日中家にいる。何かしなさい」2. écrire「私は漢字で書けません」
3. augmenté「フランスパンの値段が 10 サンチーム値上がりした」4. rencontrés「イヴと私
は駅の前で会った」5. remplace「あなたたちの先生は病気なので、私が彼の代わりをします」
6. vocabulaire「この単語集には 2500 語が掲載されている」7. traduire「『自由』という語を
フランス語に訳せる？」

A2-13

Comprendre (p.56)

1. faux 7 月 14 日はパリの祝日である。2. faux 7 月 14 日、シャンゼリゼ通りではファッショ
ンショーが行われる。3. vrai 7 月 14 日の夜、フランスでは花火が打ち上げられる。 4. vrai
7 月 14 日、消防署を訪れることができる。5. faux 7 月 14 日の夜、フランス人はディスコに
踊りに行く。

Pour en savoir plus ! (p.58)

「大きくなったら、消防士になるんだ！」/ フランスでは 78％の消防士はボランティアであ
る。/ 17％が職業としている。/ 5％は軍人である。/ 消防士の 19 ％は女性である。/ 子ども
がなりたい職業の中で、消防士は 6 位である。

S'entrainer (p.59)

1 1. ⓐ 1 年の月、週、日の一覧表。2. ⓒ 日の出から日没までの間。3. ⓑ あるできごとの正
確な年月日。4. ⓔ 日没から日の出までの間。5. ⓓ 7 番目の月。

2 1. population 2020 年 1 月のフランスの人口は 6700 万人であった。2. drapeau 日本の国
旗は白地に赤丸である。3. tradition 5 月 1 日にスズランを贈るのは素敵な伝統だ。4. danse
タンゴは南アメリカで生まれたダンスである。5. camion そのスーパーマーケットの商品はト
ラックで配送される。

3 1. illuminent 2. militaire 3. attachés 4. connue 5. partout 6. installée
7. nationale 8. beaux

A2-14

Comprendre (p.60)

1. vrai パリ・サンジェルマンはパリのサッカーチームである。2. faux 聖ブリジットの日は 6
月である。3. vrai 聖シルヴェスターの日は 12 月 31 日である。4. faux フランスでは暦から名
前を選ばなければならない。5. vrai 全ての名前はフランス語のアルファベットで書かれなけれ
ばならない。

Pour en savoir plus ! (p.62)

「今日は私の日です！」/ こんにちは、私はパトリックです。私の日は 3 月 17 日です。フラン
スのカレンダーを見てください。その日は友だちたちが一杯おごってくれます。うれしいで
す。/ 私の名前はイザベルです。聖イザベルの日は 2 月 22 日です。ですからその日が私の日
です。でも私の誕生日は 11 月 13 日です。

1 1. ⓒ 試合での選手のグループ。2. ⓔ 生まれて 28 日目までの子供。3. ⓐ 12 か月間。
4. ⓑ 誰かを愛している人。5 . ⓓ 聖人とその名前をもつ人を祝う日。

2 1. 答 ⓐ : ⓐ「バンジャマンは 11 歳からラグビーをしている」ⓑ「アリーヌは市のオーケ
ストラでチェロを演奏している」2. 答 ⓑ : ⓐ「今、何をしていますか？」ⓑ「リール行きの
列車はどのホームから出発するか知っていますか？」3. 答 ⓑ : ⓐ「アルドはリヨン駅のすぐ
近くのカフェの店員です」ⓑ「この学校には男の子しかいない」4 . 答 ⓑ : ⓐ「今日は通りに
人が多い」ⓑ「飛行機で世界一周するのが夢です」5. 答 ⓐ : ⓐ「ソフィはまだ両親と住んで
いる」ⓑ「グザヴィエと私は親戚です。従兄弟です」6. 答 ⓑ : ⓐ「まっすぐな線を引くには
定規が必要だ」ⓑ「教室で食べてはいけません。規則です」7. 答 ⓐ : ⓐ「かつて、この建物
は女子校舎だった」ⓑ「私の娘レアはバレエをしている」

A2-**15**

1. faux フランス人は世界の人口の３％を占める。2. vrai 世界ではフランス語以上にスペイ
ン語が学ばれている。3. vrai 将来、フランス語を話す人がますます増えるであろう。4. faux
2060 年には、英語よりフランス語を話す人が多くなる。5. faux フランス語はアフリカの全
ての国の公用語である。

「世界におけるフランス語圏」

1 1. ⓔ 決まったテーマについて数字から研究する人。2. ⓐ 世界の一部として考えられる広
大な陸地。3. ⓒ 日常的に完全にフランス語を話す人。4. ⓑ ある国における出生と死亡の数
の研究。5. ⓓ 中国で最も広く使われる中国語。

2 1. ⓑ 2. ⓓ 3. ⓐ 4. ⓒ 5. ⓔ 6. ⓕ

3 1. individu 2. croissance 3. cinquantaine 4. façons 5. différentes

A2-**16**

1. faux どこの国の車両かは番号で示されている。2. faux それぞれの国はフランス語での最
初の文字で判別される。3. vrai 新米ドライバー用の「A」の文字は赤でなければならない。
4. faux 70 歳以上の人は運転できない。5. vrai 18 歳になるまでの運転には特別な条件がある。

「フランスで運転する」/ 道路交通法には、運転するのに知っておかなければならない全ての
規則、標識が含まれている。試験は 40 問あり、少なくとも 35 問正解しなければならない。

1 1. ⓑ バスなどの車両を運転する人。2. ⓒ 試験での問題、質問の全体。3. ⓐ 運転免許試験
のための練習場所。4. ⓔ 覚える、記憶にとどめること。5. ⓓ 卵に似た形

2 1. 答 ⓑ : ⓐ 運転者の国籍を示す文字 。ⓑ 車両が登録された国を示す文字。2. 答 ⓐ : ⓐ 15
回目の誕生日から。ⓑ もうすぐ 15 歳になる時。3. 答 ⓐ : ⓐ 高齢者用の特別なステッカーは

ない。ⓑ 高齢者用の自動車に貼る特別なステッカーがある。4. 答ⓑ：ⓐ道路交通法の試験を受けたあと。ⓑ 道路交通法の試験で合格点を獲得したあと。5. 答ⓐ：ⓐ免許を取得するには18 歳になっていなければならない。ⓑ 18 歳未満でも免許を取得することができる。

A2-**17**

Comprendre (p.72)

1. faux　mademoiselle はフランス語において最近の語彙である。2. faux　damoiseau という語は現在も変わらず使われている。3. vrai　mademoiselle は常に未婚の女性に対して使われてきた。4. vrai 公文書では mademoiselle はもはや存在しない。5. faux 今日では mademoiselle という語は全く使われていない。

Pour en savoir plus ! (p.74)

「フランス語の敬称」/ フランス語の敬称は 2 単語（所有形容詞と名詞）が結びついて作られている。/ sieur は今でもフランス語にあるが、使われることはほとんどない。/ Monseigneur はカトリック教会の司教、モナコ公、旧貴族に属する人々に使われる。

S'entrainer (p.75)

1 1. ⓔ ある言語から他の言語への移行。2. ⓑ 情報をもたらすために書かれたもの。3. ⓒ ある国、地域、街などのすべての住人。4. ⓓ 100 年の期間。5. ⓐ 中世において馬に乗って闘った貴族。

2 1. 答 ⓑ：ⓐ 誰かに送られた短い手紙　ⓑ 言語の要素　2. 答 ⓑ：ⓐ家族の中の子供や若者（息子の対義語）ⓑ 女の子供あるいは若者　3. 答 ⓐ：ⓐ 取り除かれた、奪われた　ⓑ 殺された　4. 答 ⓑ：ⓑ 見つけられない　ⓑ 亡くなった（死んだ）5. 答 ⓑ：ⓐ 収穫したばかりの　ⓑ わずか前から存在する　6. 答 ⓐ：ⓐ フランス、ベルギーなどで話されているロマンス語　ⓑ フランス国籍を有する男性　7. 答 ⓑ：ⓐ イギリスの住民　ⓑイギリス、アメリカなどで話されているインド・ヨーロッパ語

A2-**18**

Comprendre (p.76)

1. faux 「ブイヤベース」は魚の名前である。2. faux ブイヤベースはとても良い魚で作られていた。3. vrai　ブイヤベースは bouillir と baisser の 2 つの動詞が由来である。4. vrai 今では、ブイヤベースは豪華料理である。5. vrai 今ではブイヤベースは値段が高い料理である。

Pour en savoir plus ! (p.78)

「ルイユのレシピ」/ ブイヤーベースの作り方は時代によって、また作るシェフによって、そして材料にいくらかけるかによってさまざまだ。以下はブイヤーベースによく添えられるソースのひとつ、ルイユソースの作り方である。1.　ボールの中にひとつまみの塩、コショウ、サフランを少々、潰したニンニク 2 片入れる。2. 卵の黄身 1 個と大さじ 1 のマスタードを加える。3.　中性油でマヨネーズをかき混ぜてクリーム状にする。4.　パプリカを加えてできあがり。

S'entrainer (p.79)

1 1. ⓐ 匂いが強く刺激のある味の植物。2. ⓑ 食べ物を味わい、評価すること。3. ⓔ 食べ物に付け合わせる塩味のもの。4. ⓓ 船が発着する場所。5. ⓒ 海に生きる生物。

2 1. 答 ⓑ：ⓐ 交響曲第 9 番はベートーヴェンによって作曲された。ⓑ 花屋さんがバラのブーケを作った。2. 答 ⓑ：ⓐ soupe は女性名詞である。ⓑ「ケントの名字を知ってる？」

3. 答 ⓐ : ⓐ「今日の定食は何ですか？」ⓑ「マノンはたくさんのスポーツをしています。彼女のお腹は平らです」4. 答 ⓐ : ⓐ「メロンは夏により値段が安い」ⓑ「私たちは日曜日に 10 キロ森を歩いた」5. 答 ⓐ : ⓐ「牛肉ひと塊、それ以上においしいものはない」ⓑ「これが 2 ユーロ硬貨です」6. 答 ⓑ : ⓐジュリアンはブルターニュ地方の企業主です。ⓑ ミッシェルは星付きレストランのシェフです。彼のレストランは 3 つ星です。7. 答 ⓑ : ⓐ「止まって、信号は赤よ」ⓑ「スープを火にかけて。もうすぐ食べます」8. 答 ⓑ : ⓐこのレストランは 1 日に平均 2500 ユーロの売り上げがある。ⓑ「ロレーヌ風キッシュの作り方を知ってる？」

A2-**19**

Comprendre (p.80)

1. vrai フランスの職人たちは高品質の製品を作っている。 2. faux 村瀬美幸はフランスのチーズ職人だった。3. vrai 成澤芽衣は 2017 年の最高バゲットコンクールで優勝した。4. faux 田崎真也はフランスの最優秀ソムリエになった。5. faux 仲田晃司にブドウ畑を譲ったのは彼の父親である。

Pour en savoir plus ! (p.82)

「ブルゴーニュの日本人」

S'entrainer (p.83)

1 1. ⓓ 小説、漫画、映画などに描かれた人物。2. ⓔ ワイン貯蔵庫を管理し、レストランでワインを給仕する人。3. ⓑ 修業や経験が必要な職業。 4. ⓐ 伝統的な手仕事を職業としている人。5. ⓒ ワインを評価する人。

2 1. 答 ⓐ : ⓐ「あなたの魚料理には優れたこの銘醸ワインをお勧めします」とソムリエが言う。ⓑ「私どもの寿司は全てとても新鮮な生魚を使っています」と女性シェフが言う。2. 答 ⓑ : ⓐ「私の所有地は約 30 ヘクタールです」と農夫が言う。ⓑ「私は歌の世界で成功しました」と松田聖子が言う。3. 答 ⓑ : ⓐ 「松下幸之助は偉大な企業主であった」とジャーナリストが言う。ⓑ「ポール・ボキューズは偉大なシェフだった」と料理ジャーナリストが言う。4. 答 ⓑ : ⓐ「この料理を下げて、冷めているわ」とレストランで客が言う。ⓑ「フランスが試合に勝った」とサッカーファンが言う。5. 答 ⓐ : ⓐ「金閣寺は京都のイメージの代表である」と観光ガイドが言う。ⓑ「この映画の映像は素晴らしい」と映画評論家が言う。

A2-**20**

Comprendre (p.84)

1. vrai ケントは 1 年間フランスに滞在した。 2. faux ケントはカフェでよくフランス人たちと話した。3. vrai フランス人は否定の ne をいつも言うわけではない。4. vrai 話し言葉と書き言葉の文法はときどき異なる。5. faux 口頭試問では街角のフランス語を使うことができる。

Pour en savoir plus ! (p.86)

「フラ語、話せるよ！」

S'entrainer (p.87)

1 1. ⓔ 規則を守る。2. ⓓ 気づく。3. ⓑ 単語の中の文字を省略する。4. ⓒ 同じようにする。5. ⓐ 今は発音されない。

2 1. débuter「娘は映画デビューしたばかりです」と父親が嬉しそうに言う。2. s'habituer「京都の夏の暑さに慣れるのは難しい」とリュックが言う。3. vitesse「TGV はどれくらいの

速度で走行するの？」とケントはトマに聞く。4. absent「私は来週はいないでしょう」と先生が生徒に言う。5. s'assoir「ちょっと座らない？ 暑いんだ」とジュリがレアに聞く。6. natif「私はパリ生まれ、本物のパリジャンです」とマルクが言う。7. notamment「ここは人が多い、特に週末は」とレオが言う。8. test「月曜日に筆記テストをします」と英語の先生が言う。9. langue「フランス語は難しい」とタカユキが言う。10. note「数学で 20 点中 14 点、いい点数だ」とジャンが言う。

A2-21

Comprendre (p.88)

1. vrai 家事分担に関する法案が提出された。2. vrai この法案の目的は家事を平等に分担することである。3. faux 多くのフランス人がこの法案は馬鹿げていると思っている。4. vrai 家事がうまく分担されていないと証明することは困難であろう。5. vrai 家事は以前よりもうまく分担されている。

Pour en savoir plus ! (p.90)

「男性が家事に費やす時間が 2 時間なのに対して、女性は 3 時間 26 分である」（2020 年）/ アイロンがけをする男性 9%、洗濯物を選別して洗濯機のスイッチを入れる男性 21%、浴室、洗面所、トイレなどの掃除をする男性 22%、買い物をする男性 40%、子供の世話をする男性 40%、掃除をする男性 44%、料理をする男性 50%、皿洗いをする男性 52%、ゴミ出しをする男性 55%、日曜大工をする男性 71%。

S'entrainer (p.91)

1 1. ⓓ 法律、規則、慣習によって組織されている人間を取り巻く環境。2. ⓔ 裁判をする場所。3. ⓑ 国民の安全を保障する行政機関。4. ⓒ 有罪となった人が閉じ込められる場所。5. ⓐ 法律を守らなかったことによって裁判で罰せられること。

2 1. adopte 2002 年、フランスはユーロを採用する。2. montre 標識は行き先を示す。3. envisage アリーヌは来年仕事を変えようと思っている。4. évolue フランス社会は変化のスピードが速い。5. prouve この絵画はこの画家が本物のアーティストだということを証明している。

3 1. tache「ネクタイにシミをつけたわね！」2. amandes「あなたのアーモンドケーキはとてもおいしかったわ！」3. peine「君が言ってることは私を悲しませる！」4. lune「なんて美しい月光なの！」5. paire「この眼鏡を買いたいわ！」

A2-22

Comprendre (p.92)

1. faux フランスの火山は活火山である。2. faux フランスのほとんどの火山は平原にある。3. vrai ミネラルウォーターは健康に良い成分を含んでいる。4. faux フランスでは水道水は飲料に適さない。5. vrai 水道水に味を感じる場合がある。

Pour en savoir plus ! (p.94)

「フランスで最も飲まれているミネラルウォーター」/ 水道水：フランス人の 66% は水道水を好み、毎日飲んでいる。水道水はペットボトルの水より 200 〜 300 倍安い。/ ミネラルウォーター：フランス人はひとりあたり年間 118 リットルミネラルウォーターを消費する。ペットボトルは分解されるまでに 400 年かかる。

1 1. ⓐ Cl で表される化学成分。2. ⓒ（液体やガスが）地面から湧き出ること。3. ⓑもはや活動状態ではないもの。4. ⓓ飲めるもの。5. ⓔ液体を出すのに開けたり締めたりする装置。

2 1. 答 ⓑ：ⓐこれらの火山は決して活動しないであろう。ⓑ これらの火山はいつか再び活動するかもしれない。2. 答 ⓐ：ⓐ水道水は飲んではいけないのではないか。ⓑ水道水はボトルに入れてはいけないのではないか。3 答 ⓐ：ⓐフランス人は健康、教育、文化を享受できる。ⓑフランスにおける経済、衛生状態はよくない。4. 答 ⓑ：ⓐフランス人はスポーツをたくさんしなければならない。ⓑフランス人の健康は注意深くチェックされている。5. 答 ⓑ：ⓐ水に香りをつけるために塩素を加える。ⓑ塩素で細菌、バクテリア、ウイルスを除去する。

A2-23
Comprendre (p.96)

1. vrai フランスでは、結婚するには市庁舎に行かなければならない。2. faux クロードとラルフは本当の結婚式をした。3. vrai 女性 2 人は PACS に署名できる。4. faux PACS を無効にするためには、裁判所に行く必要がある。5. vrai フリーユニオンとは、結婚したり PACS を結んだりせずに、2 人で暮らすことを意味する。

Pour en savoir plus ! (p.98)

「フランスで 2 人で暮らす」（2019 年）/ 女性は平均 36.3 歳で結婚する。/ 男性は平均 39.3 歳で結婚する。/ 民事婚は 221,000 組。/ 88,000 組は民事婚の後に教会での宗教上の結婚を行った。/ 209,000 件の民事連帯契約（PACS）がなされた。/63,000 組の離婚が裁判官により宣言された。/ 結婚式の 80％は 6 月から 9 月の間に行われる。/ 結婚披露宴の平均予算は 11,800 ユーロである。/ 結婚の 15.3％は国籍、人種、宗教の異なる結婚である。/ 注：これらの数字はすべてフランス人の生活様式を大きく変えた 2020 年のパンデミック以前のものである。

S'entrainer (p.99)

1 1. ⓒ 両親と子どもたちからなる集まり。2. ⓔ 特定の仕事だけをする事務所。たとえば「旅券課」。3. ⓓ（フランスでは）18 歳以上。4. ⓐ 公式な書類。5. ⓑ 一緒に行なわれること。

2 1. ⓐ civil：民事婚は唯一の公式の結婚である。ⓑ religieux：宗教的結婚は、各自の宗教による。2. ⓐ divorcer：私の友だちは離婚するつもりだ。彼らはもううまくいっていない。ⓑ se marier：弟は来月日本人女性と結婚する。3. ⓐ décidé：PACS に関する法律の投票は 1999 年に可決された。ⓑ choisi：エレーヌはクラシックなタイプのウェディングドレスを選んだ。4. ⓐ vivre：アンナは言う：「ケン、あなたなしでは生きていけないわ」ⓑ habiter：ケンはアンナと共にパリのワンルームマンションに住みたいと思っている。5. ⓐ contrat：ファリドは新しい映画の契約書にサインしたばかりだ。ⓑ dossier：マノンは大学に登録書類を提出せねばならない。

A2-24
Comprendre (p.100)

1. faux フランスでは幼稚園で読むことを学ぶ。2. faux フランス語では読むことを学ぶための方法はひとつしかない。3. vrai 音節法では文字から始め単語へと進む。4. vrai グローバルメソッドは、単語から始まり文字に達する。5. vrai 子供は小学校 1 年生の終わりには読める

ようになっていなければならない。

Pour en savoir plus ! (p.102)

「読む」/ 読み方の本 / 文を構成する単語 / 音節

S'entrainer (p.103)

1 1. ⓐ ひとりでできる。2. ⓑ ものごと、行動のやり方を知っている。3. ⓓ 反対、逆の意味。
4. ⓔ（学習しながら）楽しむことができる。5. ⓒ 全体の、完全な。

2 1. 答 ⓑ : ⓐ ジェロームは日本人の友人から手紙を受け取ったばかりです。ⓑ さゆりはフランス語の r がうまく発音できません。2. 答 ⓑ : ⓐ キャロルは彼女の講読の本を家に忘れてしまいました。ⓑ フランソワはひらがな「わ」の音を知りません。3. 答 ⓑ : ⓐ「いくらですか？」と客がパン屋に尋ねる。ⓑ「パトリス、授業中をがんばらないとなぁ！」と教師が言う。
4. 答 ⓐ : ⓐ「もう少し大きな声で言っていただかないと、聞こえません」。ⓑ「この山はその地方で一番高い」。5. 答 ⓐ : ⓐ e, a, u は全体で [o] と発音する。ⓑジュリは兄の結婚式で素敵なアンサンブルを着ていた。

3 1. ⓓ 2. ⓒ 3. ⓑ 4. ⓐ

A2-**25**

Comprendre (p.104)

1. faux マリックはセネガルで生まれ、そのあとフランスにやってきた。2. vrai マリックはバカロレアで好成績をとった。3. vrai マリックは同期の中でトップの学生だった。4. vrai マリックとレオは同じ会社に履歴書を送った。5. vrai マリックは採用通知をひとつも受け取らなかった。

Pour en savoir plus ! (p.106)

「職探し」/ 就職支援センター / 人材派遣会社 / 求人広告 / 履歴書

S'entrainer (p.107)

1 1. ⓓ 誰かにする提案。2. ⓒ 状況についての情報、知らせ。3. ⓐ お金をもらえる仕事。
4. ⓑ 試験、コンクールで審査員から与えられる評価。5. ⓔ 学業において受ける授業と教科のすべて。

2 1. devise ⓐ 円は日本の通貨である。ⓑ「自由、平等、博愛」はフランスのスローガンである。
2. commerce ⓐ マリックの母はトロピカルフルーツの小さな店を経営している。ⓑ この会社は多くの国と取引をしている。3. bac ⓐ リュックはバカロレアに合格した。彼は大学に入学することができる。ⓑ トムは公園の砂場で遊んでいる。4. poste ⓐ マリックはナントで営業部長の職を探している。ⓑ 郵便局は、土曜日は 8 時から 12 時まで開いている。
5. promotion ⓐ 今週はリンゴがお買い得だ。2 キロが 2 ユーロだ。ⓑ マリックとレオは2019 年度の同期入学生だ。6. essai ⓐ マリックはネット販売に関するエッセーを書いている。
ⓑレオは電気自動車を試乗した。

A2-**26**

Comprendre (p.108)

1. faux 彫刻家バルトルディは奴隷制度に賛成だった。2. faux 自由の女神の費用はフランス国家によって支払われた。3. faux 像のある島はかつてはヴァカンス地であった。4. vrai 除幕式の日、黒人はひとりも招待されなかった。5. faux 像のレプリカはどこのものも同じ大きさ

である。

パリには 6 体の「自由の女神」がある。／イル・デ・シーニュ（白鳥の島）／リュクサンブール公園／オルセ美術館・アール・エ・メティエ博物館（2 体）／ミシェル・ドゥブレ広場のケンタウルス像の上（ただし数センチの大きさなので、見つけるのは難しい）

S'entrainer (p.111)

1 1. ⓑ長く柔らかい首をした大きな水鳥。2. ⓐ 支払った全額。3. ⓓ テクストをひとり静かに読む人。4. ⓔ ランプの一種。5. ⓒ 歴史上のある時期。

2 1. a offert マルタンは彼のお母さんにきれいな花束を贈った。2. a inaugué 大統領はTGV の新しい路線の開通式を行なった。3. ont financé ピエールの両親は彼の医学の勉強の学費を出した。＊ offrir は間接目的語「～に」を必要とするので、この場合使えない。例：Les parents de Pierre lui ont offert ses études de médecine. 4. a créé 誰が19世紀にクロックムッシュを作り出したのかわからない。5. a aboli フランスは 1981 年に死刑を廃止した。

3 1. coup 「この男が僕の頭を殴った」とレオが言う。2. cygne 「湖にいるこのきれいな黒鳥を見て！」とナディアが言う。3. font 「子供たちは何をしているの？」と母親がたずねる。4. grasse 「このソースは少し脂っこいと思う」と客が言う。5. Lille 「リールはフランス北部の都市です」とエルザが言う。6. aller「パリまで片道いくらですか？」とマテオが尋ねる。

A2-27

Comprendre (p.112)

1. faux パリの観光客はめったに地下鉄を利用しない。2. faux すべての地下鉄の駅に異なった装飾がほどこされている。3. faux 観光客は、パリのメトロは非常に安全だと考えている。4. vrai 日本人観光客の 10 人に 9 人がパリの地下鉄を利用している。5. faux 観光客は地下鉄が遅すぎると思っている。

「素敵な地下鉄の駅！」／地下鉄の駅の入口／伝統的な装飾／バスティーユ駅／ルーヴル・リヴォリ駅

S'entrainer (p.115)

1 1. ⓐ 地下鉄である地点から別の地点へ行く通路。2. ⓑ 壁に描かれた大きな絵画。3. ⓔ 地下鉄で行き先を教えてくれる情報。4. ⓓ 地下鉄の車両が止まったり出発したりする場所。5. ⓒ 鼻で感じる感覚。

2 1. emprunter ⓐ「マルセイユへ行くのに、高速道路を通るつもりだ」ⓑ「家を買うのに、お金を借りねばならないだろう」2. se sent ⓐ「ミュリエルは体調が良くない。医者へ行くつもりだ」ⓑ sent「この花はとてもよい香りがする」3.ont trouvé ⓐ「鈴木さん一家はパリがとてもきれいだと思った」ⓑ「マリと妹は地下鉄で財布を見つけた」4. a manqué ⓐ「ジュリは先学期、授業を休んだ」ⓑ「ポールはテストを終えるのに時間が足りなかった」5. ressemble ⓐ「そんなふうにふるまうなんて、君らしくない！」。ⓑ「岡山の倉敷はヴェネチアに似ている」。6. fait ⓐ「ピエール、彼はどんな仕事をしているの？」ⓑ「このパン店は菓子店もやっている」

A2-28

Comprendre (p.116)

1. vrai アデルとマックスは同じ小学校だった。 2. vrai 先にアデルに連絡をとったのはマックスである。 3. vrai パリで会うことはこの2人の旧友にとって都合がよかった。 4. vrai アデルはなぜマックスが adieu と彼女に言ったのかわからなかった。 5. faux adieu はフランスのどこでも同じ意味である。

Pour en savoir plus ! (p.118)

「少し違うフランス語！」/ フランス南西部の単語や表現はほとんどの場合 langue d'oc（オック語）ともいわれるオクシタン由来である。この地方にずっと、あるいは長い間暮らす人たちの会話によく使われ、ほかの地方のフランス人たちを驚かせる。/ Adieu または Adiou は bonjour の代わりに、または誰かと別れるときに言う。/ Adishatz ! は au revoir, à bientôt, à plus「またね」のかわりに言う。

S'entrainer (p.119)

1 1. ⓔ 再び誰かに会う。 2. ⓑ 居住地を変える。 3. ⓓ 誰かを再び安心させる。 4. ⓐ 連絡を取るために電話を使う。 5. ⓒ ある程度の期間、誰かと離れ離れになる。

2 1. 答 ⓑ : ⓐ 目に問題があり、視覚障害者になる。ⓑ 長い期間連絡をとらない。 2. 答 ⓑ : ⓐ 次の試合の日にちを決める。ⓑ 誰かと会う約束をする。 3. 答 ⓑ : ⓐ 言葉やしぐさで誰かに来るように頼む。ⓑ 誰かに電話で連絡する。 4. 答 ⓑ : ⓐ 誰かに旅行のおみやげを買う。ⓑ 過去のことを話す。 5. 答 ⓐ : ⓐ とてもよく使われる。ⓑ お店や工場で頻繁に働く。

A2-29

Comprendre (p.120)

1. vrai フランスの若者のほとんどは、何か他のことをしながら読書している。 2. faux 中学に入ると、読書の楽しさを再発見する。 3. vrai 中学と高校には、必らず読まねばならない小説がある。 4. vrai ソーシャルネットワークを通じて本を知ることができる。 5. faux 若者はマンガや漫画を読むのがあまり好きではない。

Pour en savoir plus ! (p.122)

「若者（7-25歳）と読書」/ 1週間あたりの読書時間：3時間50分 / 1週間あたりの画面の前で過ごす時間：19時間50分 / 楽しみのために読む本の年間数：18～22冊（年齢による）/ 読書が好きな若者の数：84％（42％ 好き, 42％ 大好き）/ 本の表紙、主人公だけでなく、本の裏表紙にある要約や誰かのアドバイスにもとづいて本を選ぶ。

S'entrainer (p.123)

1 1. ⓑ 画像を見ることができる機械。 2. ⓔ 学年レベルで学ばなければならないものすべて。 3. ⓒ 同じ年齢またはほぼ同じ年齢の人々の総称。 4. ⓐ 1冊または数冊の本を書いた女性。 5. ⓓ 本。

2 1. plaisir レオの父は新聞を読むのを楽しみにしている。 2. message アンナは携帯電話にメッセージを受け取ったところだ。 3. lecteur ポールは SF 小説の愛読者である。 4. série Netflix でのミリアムのお気に入りのドラマは「エミリー、パリへ」である。 5. version アランは、映画「ゴジラの逆襲」の日本語版のほうが好きだ。

3 1. tablette 板チョコ、アップル製のタブレット 2. livre 英語の本、キノコ 500 グラム 3. temps 去りゆく時間、天気 4. enquête 警察の捜査、フランス人の生活についてのアンケー

ト 5. film 白黒映画、ラップフィルム　6. papier 便箋、トイレットペーパー

A2-**30**

Comprendre (p.124)

1. faux お年玉の習慣はフランスでは 1789 年に誕生した。2. faux お年玉で子供たちはたくさんのお金をもらう。3. faux フランスでは子供たちだけがお年玉をもらう。4. faux 働いている人は皆、12 月にお年玉をもらう。5. vrai 消防士にお年玉をあげるのは、彼らにありがとうと言うためだ。

Pour en savoir plus ! (p.126)

「お年玉の時期に贈られたカレンダー」/ 郵便局員たちから / ある村の消防士たちから

S'entrainer (p.127)

1 1. ⓑ 建物を管理する人。2. ⓐ 喜んでもらうために贈るさまざまな物。3. ⓔ 手紙などを送ることができる紙の袋。4. ⓒ 習慣的に行う行為。5. ⓓ 一般的にお金を誰かにあげる行為。

2 1. argent このレストランはフォークやナイフなどのカトラリーが銀製だ。2. somme 祖父はいつも昼食後にちょっとひと眠りする。3. maison この通りにはヴィクトル・ユゴーが生まれた家がある。4. service 飲み物の値段はサービス料込で 25 ユーロだ。5. maison シャネル社は世界中に知られている。6. billet 列車の切符に刻印を入れるのを忘れてはいけません。7. billet 1 万円札に描かれているのは福沢諭吉だ。8. argent スイスでは物価が高い。生活するのにたくさんのお金が必要だ。9. service この飛行機のファーストクラスのサービスはすばらしい。10. somme このテレビは高価だ。1000 ユーロ以上する。11. forme 会話はときとして口喧嘩になる。12. forme マノンはいま、とても元気だ。

A2-**31**

Comprendre (p.128)

1. vrai 大統領は国の安全について責任がある。2. vrai 大統領の任期は最長 10 年間である。3. faux 平日に大統領選挙を行なうことは可能である。4. faux すべてのフランス人は大統領選挙に投票することができる。5. faux 15％のフランス人は大統領選挙で投票しない。

Pour en savoir plus ! (p.130)

「大統領選挙の流れ」/ 第 1 回投票で過半数を獲得することは困難であるため、第 1 回投票の上位 2 人の候補者による第 2 回投票が必要である。この投票で最も多く得票した人が勝者となる。

S'entrainer (p.131)

1 1. ⓑ 投票による選択。2. ⓐ 仕事、活動を行なうために用意された部屋。3. ⓔ前の日。4. ⓓ 同じ領土で生活する人々。5. ⓒ遵守すべきことが書かれた規則。

2 1. participer このマラソンに参加するには、5 月 1 日までに申し込まねばならない。2. choisir これらすべての候補者の中から選ぶのは難しい。3. vérifier テストのときは答えをしっかり確認しなければいけない。4. élire 土曜日の夜、新しいミス・フランスを選ぶ。5. signer この俳優はハリウッド映画に出る契約を結んだ。6. nommer 社長はジュルを販売部長に任命するつもりだ。7. voter 写真付きの身分証明書を見せずに投票することはできない。

3 1. ⓓ　2. ⓑ　3. ⓔ　4. ⓐ　5. ⓒ

A2-32

Comprendre (p.132)

1. vrai 裕福ではない家庭ではパンは重要な食物である。2. vrai 小麦の値段が 1789 年のフランス革命の原因のひとつである。3. faux フランスのレストランではパンは有料である。4. faux フランス人は年間に世界で一番多くパンを食べる。5. faux フランス人はフランスパンよりそれ以外の食事用パンを多く買う。

Pour en savoir plus ! (p.134)

フランス人の好きなパン / バゲットトラディション（添加物、冷凍生地を使用せず、その店で焼いたフランスパン）38 %、フランスパン 22 %、シリアルパン 17 %、田舎風パン 10 %、全粒パン 4 %、有機パン 3 %、パングルモン（フルーツ、チーズ、オリーブなどが入っている）3 % 食パン 1 %、その他 2 %。

S'entrainer (p.135)

1 1. ⓒ 激しい反応。2. ⓓ 脚の膝の上の部分。3. ⓔ 土地の作物を集めるときにすること。4. ⓑ ある人々に対する常套句。5. ⓐ 丸くて平らな帽子。

2 1. a réclamé 客がパンを要求した。2. finir 日本では茶碗のご飯を全部食べなければいけない。3. consomment フランス人は日本人より多くのワインを消費する。4. augmenter 経済危機でパンの値段がまた上がるでしょう。5. propose このレストランは 12 ユーロの日替わりセットを出している。6. manger 手で食べてはいけません。7. a entendu ジュールは両親が彼にこぼさずに食べなさいと言うのを何度も何度も聞いた。8. entoure 美しい公園が城を取り囲んでいる。9. a vendu ポールは彼の古い車を 500 ユーロで売った。

3 1. une crémerie   2. un haricot   3. le petit pois   4. un avocat   5. le sandwich

A2-33

Comprendre (p.136)

1. faux GIEC によると気温は 2030 年までに 2 度上昇する。2. vrai 2 度の上昇は地球にとって憂慮すべきことである。3. vrai 2 度の上昇は重大な気候変動を引き起こす。4. faux 気候変動はおそらく人類に原因がある。5. faux ほとんどの人はライフスタイルを変えることを受け入れる。

Pour en savoir plus ! (p.138)

「フランス本土における気候変動の影響」/ 2001 年までは 10 月だったブドウの収穫時期が 9 月になった。/ 春には渡り鳥が 1 週間早くアフリカから戻ってくる。/ 海面は 2008 年から 2018 年にかけて 4.3cm 上昇した。

S'entrainer (p.139)

1 1. ⓓ ある国から別の国に住む目的で移動する行為。2. ⓔ 熱の単位。3. ⓐ 50 000 km² の陸地の氷の地帯。4. ⓒ 何かについて確かでなく確信が持てない状態。5. ⓑ 理由。

2 1. 答 ⓐ：ⓐ 多くのフランス人は車で通勤する。ⓑ TGV にはしばしば軽食堂車がある。2. 答 ⓑ：ⓐ 子どもはいつも元気の塊である。ⓑ フランスは新たなエネルギーの割合を増やす。3. 答 ⓑ：ⓐ フランスのファッション業界は世界的に認められている。ⓑ 秘書になるには、非常に管理された働き方が必要である。4. 答 ⓐ：ⓐ 学生の大多数は真面目に勉強している。ⓑ 2022 年以降日本では成人の年齢は 18 歳である。5. 答 ⓐ：ⓐ 世界レベルではフランスは小さな国である。ⓑ 屋根に登るには、はしごを使わねばならない。6. 答 ⓐ：ⓐ アメリカで

は華氏が使われている。ⓑ 直角とは 90 度の角度である。7. 答 ⓑ : ⓐ 運転するときは注意深くしなければいけない。ⓑ 樹木は生物である。8. 答 ⓐ : ⓐ 春とともに雪は溶ける。ⓑ この本に使われているフォントは Times だ。

A2-34

Comprendre (p.140)

1. faux 課外活動は新しいアイデアである。2. faux かつて学校は授業にしか使われていなかった。3. vrai 2013 年に授業時間数が削減された。4. vrai 学校で宿題をすることができる。5. faux 日曜日にも課外活動がある。

Pour en savoir plus ! (p.142)

最も多い課外活動 / サッカー、バスケットボール、水泳、バレーボール、卓球、演劇、ダンス、音楽、写真、絵画、パソコン、科学実験、動物研究、室内ゲーム、環境保護

S'entrainer (p.143)

1 1. ⓑ 遊び形式で。2. ⓐ 生活上、お金の問題がない人。3. ⓔ 慣例の。4. ⓒ 教育的意味のあるもの。5. ⓓ 国や市、町によって行われているものではないもの。

2 1. club エルザは女性サッカークラブに登録している。2. élève ナタンは高校 1 年生だ。3. temps 天気予報では西部は天気が悪い。4. moyens マルクは英語では平均的な成績だ。5. primaire クロードは村の小学校に通っている。6. primaire 青は原色のひとつだ。7. cours 高校生は週に 25 時間から 30 時間授業がある。8. moyens ファーストクラスで旅行するにはたくさんのお金が必要です。9. club 夏、レオはヴァカンス村で 1 週間を過ごす。10. cours 今日のテニスのレッスンはすべて予約されている。11. élève この農夫は豚と羊を飼育している。12. temps 雨がしばらく続きそうだ。

A2-35

Comprendre (p.144)

1. faux フィリップはルイの兄であった。2. faux ルイとフィリップは同じように育てられた。3. vrai フィリップは、15 歳になるまで女性の格好をしていた。4. faux フィリップは兄であるルイ 14 世のそばで、ヴェルサイユに暮らした。5. faux フィリップはルイの代わりに王になりたかった。

Pour en savoir plus ! (p.146)

テクストの登場人物

S'entrainer (p.147)

1 1. ⓐ 人生のおよそ 11 歳から 17 歳までの期間。2. ⓑ 動物を捕獲または殺すために動物を追跡する行為。3. ⓓ 馬に乗る技術。4. ⓒ 攻撃または防御する行為。5. ⓔ 人前で演じるために集まった役者、俳優のグループ。

2 1. ruban「あなたの帽子をシルクのリボンで飾りましょう」と帽子屋が言う。2. éducation「この子はとても良い教育を受けた」と彼の先生は言った。3. roi「ルイ・フィリップ | 世はフランスの最後の王だ」と歴史家は言う。4. domaine「僕の両親は田舎に広い土地を持っている」とフレデリックは言う。5. danse「私が一番好きなダンスはタンゴです」とスペイン人が言う。6. décision「僕の兄は転職することにした」とマルタンが言う。7. fête「私の誕生日のためにささやかなパーティーを企画したの」とエステルは言う。8. entrainement「私たちの柔道の

クラブの練習日は月曜日の夜です」と柔道家が言う。

A2-36

Comprendre (p.148)

1. faux リュミエール兄弟は映画の発明者である。2. vrai 彼らの発明により、動画を見せることが可能になった。3. vrai リュミエール兄弟は映画館を作るというアイデアを思いついた。
4. vrai 彼らは自分たちの発明でお金を稼ぎたいと思っていた。5. vrai 映画は芸術と見なされている。

Pour en savoir plus ! (p.150)

「数字で見るフランス映画」（2019 年）/ フランスには 2,045 の映画館がある（世界第 4 位）。/ フランスは年間約 300 本の映画を制作している（世界第 6 位）。/ 映画館の興行収入は 15 億ユーロ（世界第 6 位）。/ フランスで最大の成功を収めたフランス映画は、ダニー・ブーン監督の『シュティの地へようこそ（Bienvenue chez les Ch'tis）』で、2,000 万人以上の観客を動員。（出典 CNC、ウィキペディア、ANC。一部の数値は、2020 年から 2022 年までのコロナ禍により変わる）

S'entrainer (p.151)

1 1. ⓑ 小説、映画のシナリオを書く人。2. ⓐ 芝居あるいは映画で役を演じる人。3. ⓔ 映画、芝居などを見る人。4. ⓒ 新しいアイデアを考える人（同義語：créateur）。5. ⓓ 金属を加工する人。

2 1. écran 映画館では、ポールはスクリーンに近い席は好きではない。2. séance この映画館の 1 回目の上映は 14 時だ。3. obscure この地下の部屋は本当に暗い。4. concept このお菓子のコンセプトは、イチゴを強調することにある。5. esprit 選手たちは喜んでいる、試合に勝ったばかりなので。6. appareil この非常に古いカメラはもちろんデジタルではない。

3 1. ⓐ 2. ⓒ 3. ⓓ 4. ⓑ 5. ⓕ 6. ⓔ

A2-37

Comprendre (p.152)

1. vrai フランスでは多くの食物が捨てられている。2. faux ミシュランガイドブックは観光ガイドブックである。3. vrai 地元の産物を料理することは持続可能な美食につながる。4. vrai 一番多くの時間を食卓で過ごすのはフランス人だ。5. vrai フランス人は行くレストランをもっときちんと選ばなければならないだろう。

Pour en savoir plus ! (p.154)

「数字で見る食品ロス」/ フランスでは年間 1 人当たり 50 キロの食物が無駄になっている。このうち、29 キロが家庭、21 キロがレストラン。/ 7 キロの食品が包装されたまま消費されていない。/ 25％が食事の残り。/ 25％が消費されなかった野菜や果物。/ 20％が食べ残し。/ 14％が食べ残しのパン。/ 5％が飲み残しの飲み物。/ ヨーロッパが毎年捨てる分だけで 10 億人を養える。これは世界で栄養失調に苦しんでいる人全体に相当する。

S'entrainer (p.155)

1 1. ⓒ 目的や活動のために宣伝する。2. ⓓ 何かを回収したり、取り除いたりする。3. ⓔ 捨てる前に選別したり、再利用する。4. ⓑ ゴミ箱に入れる。5. ⓐ 食物を作るために土地を耕す。

2 1. la totalité 2. se restaurer 3. les alentours 4. les déchets 5. un rayon 6. la vente 7. la poubelle

3 1. ⓓ 2. ⓔ 3. ⓑ 4. ⓕ 5. ⓖ 6. ⓐ 7. ⓒ

A2-**38**

Comprendre (p.156)

1. vrai 遊園地はほとんどの場合、家族向けである。2. faux フランスの遊園地は観光客によく知られている。3. faux 恋人たちはピュイ・デュ・フーに行くのが大好きだ。4. faux フランスでは、アステリスクはタンタンほど知られていない。5. vrai 遊園地では悩みを忘れることができる！

Pour en savoir plus ! (p.158)

「入場者数の多いフランスのテーマパークトップ 5」(2018 年) / 1 位 Disneyland Paris 15,141,000 人、2 位 Puy du Fou 2,301,000 人、3 位 Parc Astérix 2,174,000 人、4 位 Futuroscope 1,850,000 人、5 位 Nigloland 655,000 人 / ディズニーランド・パリは、首都で、ノートルダム大聖堂（1,300 万人の訪問者）、ルーブル美術館（同 1,000 万人）、サクレクール大聖堂（同 1,050 万人）、エッフェル塔（同 700 万人）を上回る圧倒的観光スポットである。

S'entrainer (p.159)

1 1. ⓑ ある人あるいはものの賛美者。2. ⓐ 習慣を変えること。3. ⓔ 地中のものから栄養をとる生物。4. ⓒ 危険を恐れずにすむこと。5. ⓓ 身体で感じる感情、感動

2 答 4, 5, 8、1. ポン・ヌフはパリで最も古い橋である。2. オレリとブリスは愛し合っている。彼らは結婚を考えている。3. 今日はフランスは全国的に晴れるでしょう！4. ピエールはビールが大好きだ。5. ピエールは毎朝ジョギングをする。6. 12 月 25 日はクリスマスを祝う。7. イザベルはおもしろい話をするのが好きだ。8. この若い作家は独特な世界観を持っている。9. ジュリは少したくましい。身長 1m60cm、体重 60 キロだ。

3 1. ⓐ 2. ⓔ 3. ⓑ 4. ⓒ 5. ⓓ

A2-**39**

Comprendre (p.160)

1. faux 姿が見えない労働者は公共ではない仕事をする。2. faux 2020 年、フランス人はこれらの姿が見えない労働者に拍手を送った。3. faux 姿が見えない労働者は評価されている仕事をする。4. vrai 姿が見えない労働者はしばしば低賃金である。5. faux 私たちひとりひとりはこれらの姿が見えない労働者に無関心でいなければいけない。

Pour en savoir plus ! (p.162)

「2 種類の姿が見えない労働者」/ 新しい労働者（商品配達人、ウェイター、ウェイトレス、レジ係、産業車両の運転手）：53％は男性。62％はバカロレア同等またはそれ以下のレベル。020 年のパンデミックでは、100％が失業を経験した。/ 孤立した、または脆弱な人々（看護師、ヘルパー、店員、会社員）：60％は女性。62％はバカロレア同等またはそれ以下のレベル。65％は 49 歳未満。

S'entrainer (p.163)

1 1. ⓒ 反対の方向へ行きながら誰かの横を通る。2. ⓔ「ありがとう」と言う。3. ⓑ 手をたたいて同意する。4. ⓐ よりよくなる、よりよくする。5. ⓓ お金を受け取る。

2 1. conditions「この鉱山の労働条件は危険だ！」と鉱夫が言う。2. perspectives「私が働いているところでは昇進の可能性がない！」と従業員が言う。3. droits「労働者の権利は尊重されねばならない！」と組合員が言う。4. pouvoirs「我々の社長は権力をもちすぎている！」とストライキ中の労働者が言う。5. société「フランス社会は 20 世紀に大きく進歩した！」と歴史家が言う。

3 1. ⓐ　2. ⓔ　3. ⓑ　4. ⓒ　5. ⓓ

A2-40

Comprendre (p.164)

1. faux ニコラ・ストレールとピエール・エルメは同時代人である。2. vrai ニコラ・ストレールは「アリババ」の作り方を考案した。3. faux ニコラ・ストレールは自分の愛人たちのために「ピュイ・ダムール」をつくった。4. vrai ピエール・エルメにとってお菓子は美しくなければならない。5. faux ピエール・エルメにとっておかず（塩味）は喜びをもたらす。

Pour en savoir plus ! (p.166)

フランス人の好きなデザート / 1. フォンダンショコラ　2. クレープ　3. チョコレートムース 4. イル・フロッタント　5. リンゴのタルト　6. ティラミス　7. クレームブリュレ 8. プロフィトロール　9. イチゴのタルト　10. レモンメレンゲタルト

S'entrainer (p.167)

1 1. ⓓ 生きるために必要なものを与える。2. ⓖ 喜びを与える。3. ⓔ プレゼントする。 4. ⓕ お菓子を作る。5. ⓒ 自分の国にもたらす。6. ⓐ 何も変えない。7. ⓑ 追求する。8. ⓗ 現代風に変える。

2 1. crème：卵、牛乳、砂糖で作られたもの。2. confiserie：焼いて、加工して、香りをつけた砂糖から作られる砂糖菓子。3. rhum：アメリカ原産の蒸留酒。4. léger：消化しやすいもの。5. vanille：ケーキ屋やお菓子屋が使う自然な香り。6. recette：料理を作るやり方の詳しい説明。7. pâte：小麦粉を用いたベースに何かを加えて作られたもの。8. saveur：味や香りの感覚から生じる印象。9. gâteau：小麦粉を使った生地から作られるお菓子。 10. pâtisserie：お菓子を売っている店。11. sucre：結晶化した白や赤茶色の食品。

Décrypter で扱った単語索引（数字は掲載されている課を示す）

Postface

« Apprendre une autre langue est un peu comme devenir quelqu'un d'autre » a écrit Harumi MURAKAMI. Avec bien du courage, vous venez de terminer ce livre de niveau A2. Chaque nouveau mot appris, chaque nouvelle expression découverte, chaque phrase mieux construite enrichit désormais votre vocabulaire et votre manière de parler ou d'écrire en français. C'était un travail lent, parfois un peu difficile, mais qui vous permet aujourd'hui de franchir un grand pas dans votre apprentissage.

Vous noterez certainement vos progrès si vous avez l'occasion d'échanger avec des natives ou natifs de la langue, notamment si vous abordez les sujets de société décrits dans ce livre, qui, nous l'espérons, vous auront intéressés.

Nous tenons à remercier Madame Kazumi KANKE et les éditions Hakusuisha. Grâce à leur soutien actif et leurs conseils, ce projet a pu être mené à terme dans les meilleures conditions.

Les auteur(e)s

著者紹介

モーリス・ジャケ（Maurice Jacquet）
　FLE（Français Langue Étrangère）教授、examinateur-correcteur pour le DELF et le DALF、京都外国語大学名誉教授。編著書に『仏検対策問題集』（5級から準1級・1級まで各級、共編著／白水社）、《仏検》準1級・2級必須単語集（新装版）』『例文で覚えるフランス基本単語2600』『例文で覚えるフランス語熟語集』『DELF B1・B2対応 フランス語単語トレーニング』（以上、共著／白水社）

舟杉真一（ふなすぎ しんいち）
　京都外国語大学教授。編著書に『仏検対策問題集』（5級から準1級・1級まで各級、共編著／白水社）、『例文で覚えるフランス語熟語集』『DELF B1・B2対応 フランス語単語トレーニング』（共著／白水社）

服部悦子（はっとり えつこ）
　武庫川女子大学、近畿大学、関西学院大学、京都女子大学非常勤講師。著書に『DELF B1・B2対応 フランス語単語トレーニング』（共著／白水社）

DELF A2対応　フランス語単語トレーニング

2022年10月 5 日　第 1 刷発行
2024年 4 月25日　第 2 刷発行

著　者 ©　モーリス・ジャケ
　　　　　舟　杉　真　一
　　　　　服　部　悦　子
発行者　岩　堀　雅　己
印刷所　図書印刷株式会社

発行所　101-0052 東京都千代田区神田小川町 3 の24
　　　　電話 03-3291-7811（営業部），7821（編集部）　株式会社　白水社
　　　　www.hakusuisha.co.jp
　　　　乱丁・落丁本は送料小社負担にてお取り替えいたします。

振替 00190-5-33228　　　Printed in Japan　　　株式会社島崎製本

ISBN978-4-560-08949-1

DELF B1・B2 対応
フランス語単語トレーニング

モーリス・ジャケ，舟杉真一，服部悦子 著

B1，B2 のレベルに沿った 40 篇のテクストで単語を習得し，DELF 試験形式の練習問題で語彙を広げる力をつけましょう．音声ダウンロードあり．

■四六判　202 頁